CIUDADES INTELIGENTES

INNOVANT PUBLISHING
SC Trade Center: Av. de Les Corts Catalanes 5-7
08174, Sant Cugat del Vallès, Barcelona, España
© 2021, INNOVANT PUBLISHING SLU
© 2021, TRIALTEA USA, L.C. d.b.a. AMERICAN BOOK GROUP

Director general: Xavier Ferreres
Director editorial: Pablo Montañez
Producción: Xavier Clos
Diseño y maquetación: Oriol Figueras
Asesoramiento técnico: Cristian Rosiña, Javier Peña,
Oriol Puig y Xavier Safont
Redacción: Joan Soriano
Edición y coordinación: Agnès Bosch
Edición gráfica: Emma Lladó
Créditos fotográficos: "Duomo Cathedral santa maria del fiore, Florence"
(©Shutterstock), "Champs elisées cityscape" (©Shutterstock), "Le Corbusier"
(©Shutterstock), "Brazilian national congress, Brasilia" (©Shutterstock), "United
Nations headquarter, New York" (©Shutterstock), "Smart City and wireless
communication" (©Shutterstock), "Machine learning analytics" (©Shutterstock),
"Green city of the future concept" (©Shutterstock), "Secure data touchscreen"
(©Shutterstock), "Kids Coding in school" (©Getty), "Bike rack in utrecht"
(©Shutterstock), "Autonomous car in Kista, Stockholm" (©Shutterstock),
"Hyperloop concept" (©Shutterstock), "High-tech setting for transporting
packages" (©Shutterstock), "Smart self-driving cars" (©Shutterstock), "District
heating" (©Shutterstock), "Aria Resort, Las Vegas" (©Shutterstock), "Wireless
comunication software" (©Shutterstock), "Customer paying with smartphone"
(©Shutterstock), "2D Rendering cloud computing" (©Shutterstock), "Night
view of an alley in Oslo" (©Shutterstock), "New 5G Radio antennae"
(©Shutterstock), "Huawei Mate X" (©Shutterstock), "Mobile world congress,
Barcelona" (©Shutterstock), "Solar panels with wind turbines" (©Shutterstock),
"Tokyo skytree" (©Shutterstock), "Smart traffic on road in tokyo at night"
(©Shutterstock), "Singapore cityscape at dusk" (©Shutterstock), "Artificial trees
in Singapore" (©Shutterstock), "Cloud forest dome, Singapore" (©Shutterstock),
"Panoramic view of the SIngapore skyline" (©Shutterstock), "Panoramic view of
Toronto skyline" (©Shutterstock), "Modular Sidewalk tiles in Toronto" (©David
Pike), "The Gherkin, London" (©Shutterstock), "Electric driverless pod in
Heathrow Airport, London" (©Shutterstock), "Masdar City wall, Abu Dhabi"
(©Shutterstock), "Bike rack in Masdar City" (©Shutterstock), "Hologram of
fiber optics" (©Getty), "Querataro, Mexico" (©Shutterstock), "New Area library,
Tianjin" (©Shutterstock), "Modern economic zones in Tianjin" (©Shutterstock).

ISBN: 978-1-68165-872-8
Library of Congress: 2021933853

Impreso en Estados Unidos de América
Printed in the United States

ÍNDICE

INTRODUCCIÓN

Al hablar de ciudades inteligentes, lo primero que nos preguntamos es ¿pueden las ciudades ser inteligentes? ¿Qué tipo de inteligencia son capaces de desarrollar? ¿Son ya una realidad las ciudades inteligentes o *smart cities*? ¿Cuáles son sus límites? En este libro definiremos cómo surgió este concepto y analizaremos sus principales áreas de actuación, aproximándonos a la manera en que las ciudades se transforman en *smart cities*. En las urbes actuales, multitud de gestores, equipos de gobierno, ingenieros, urbanistas, economistas, empresas y *startups* tecnológicas definen estrategias y crean modelos de gobernanza sostenible mediante la implementación de las tecnologías de la información y la comunicación (TIC), cuyas posibilidades son casi infinitas. Nos referimos a tecnologías disruptivas como el Internet de las Cosas, el *big data*, la inteligencia artificial, los nuevos sistemas *cloud*, la tecnología móvil y 5G, así como las *smart grids* (redes eléctricas inteligentes).

Las ciudades inteligentes son ya una realidad, si bien están sujetas a una constante evolución. En ciudades de todo el mundo como Tokio (Japón), Singapur, Toronto (Canadá), Londres (Reino Unido), Masdar (Abu Dabi), Querétaro (México) o la Nueva Área de Binhai, en Tianjin (China), no dejan de emprenderse iniciativas que aplican este tipo de soluciones tecnológicas a ámbitos como la sociedad, la movilidad, la economía, la gobernanza y el medio ambiente, con el fin de promover una economía sostenible e innovadora y mejorar la calidad de vida de sus habitantes.

El reto de las administraciones públicas es colosal: hacer que las grandes ciudades, pese a la creciente densidad poblacional (según la ONU, en 2050 las zonas metropolitanas albergarán el 70% de la población mundial, más de 6.000 millones de personas), resulten eficientes, sostenibles y equitativas en ámbitos problemáticos como el transporte de personas, servicios públicos y mercancías, la logística, la gestión y eliminación de residuos, el medio ambiente, las telecomunicaciones, el crecimiento económico, el suministro de servicios básicos como la luz y el agua, la gobernanza participativa, la información en tiempo real, etc.

La aplicación de la ingeniería y la tecnología es un elemento esencial para el éxito de este reto. Ambas abren la puerta a multitud de oportunidades que las ciudades no deben desaprovechar si quieren resolver sus problemas en un mundo que evoluciona cada vez más rápido. La *smart city* no es una meta en sí misma, sino un círculo virtuoso cuyo fin es mejorar el bienestar de las generaciones actuales y futuras.

LA HISTORIA DE LA CIUDAD PLANIFICADA

Organización social y supervivencia

A lo largo de la historia el ser humano no ha cesado de buscar un espacio geográfico favorable y ha procurado siempre la mejor manera de organizarse en pro de su propia supervivencia. Los restos hallados en cuevas alrededor de todo el mundo que atestiguan la presencia humana y los primeros asentamientos en pequeños poblados son la antesala de las ciudades planificadas.

LAS PRIMERAS CIUDADES

Alrededor de 10.000 a.C., en el Neolítico, el ser humano empezó a cultivar la tierra y a domesticar animales, de modo que ya no necesitaba desplazarse en busca de alimento. Este cambio propició una de las revoluciones más determinantes en el progreso de la civilización: el desarrollo de la agricultura y de los asentamientos poblacionales. El siguiente paso que dieron nuestros ancestros fue la fundación de las primeras ciudades.

Los arqueólogos e historiadores no tienen claro cuál fue la primera ciudad de la historia. Algunas fuentes se decantan por Jericó, fundada a orillas del río Jordán alrededor del año 9.000 a.C., aunque algunos vestigios arqueológicos demuestran la existencia de asentamientos humanos esporádicos ya en el 10.000 a.C. En Mesopotamia, la cultura Umm Dabaghiyah (6.000-5.600 a.C.) contaba con ciudades como Umm, Yarim y Buqras, situadas en valles regados por los ríos Tigris y Éufrates. Otros ejemplos primitivos se encontraban a orillas de los ríos Nilo, Indo y Amarillo. En efecto, asegurar el abastecimiento de agua era un factor decisivo a la hora de escoger el emplazamiento de un nuevo asentamiento. Por otro lado, la fundación de una ciudad implicaba agrupar cierta cantidad de edificios y habitantes y proteger el perímetro mediante muros o defensas. Con el paso del tiempo, se desarrollaba un incipiente sistema administrativo.

El urbanismo y las técnicas de edificación dejaron para la posteridad urbes como Babilonia (Mesopotamia), Tebas (Egipto) y, más tarde, Atenas (Antigua Grecia), Roma, Florencia, Venecia (estas tres últimas fundadas bajo el gobierno del Imperio romano), París (fundación gala) o Londres (de origen celta). La estructura de las ciudades egipcias, por ejemplo, reflejaba la jerarquía piramidal de su sociedad, en cuya cúspide se situaba el faraón. Así, el centro albergaba los templos y palacios, mientras que las calles y los barrios se disponían en una red octogonal en la que el fácil acceso al agua adquiría un carácter esencial. De alguna manera, la aplicación del ingenio para resolver las dificultades que entrañaban las ciudades determinó el diseño del espacio urbano egipcio.

CIUDADES IDEALES: EL PRIMER URBANISMO

La Antigua Grecia basaba su urbanismo en criterios de racionalidad y autonomía del ser humano, y Aristóteles y Platón imaginaron sus propias ciudades ideales. El primero resaltó el carácter político de la urbe al concebirla como un conjunto de ciudadanos que ejercían en común sus libertades públicas. En cambio, para Platón se trataba de un espacio físico donde desarrollar en libertad la vida social y espiritual. El ágora se erigió como elemento fundamental. La búsqueda de la armonía basada en la geometría espacial de la época otorgaba un lugar preeminente a los templos, palacios, museos, bibliotecas, plazas, teatros y gimnasios.

Roma fue un paso más allá. A partir del concepto urbanístico griego (racionalidad, funcionalidad, armonía y orden), creó la estructura clásica que se ha mantenido vigente hasta nuestros días: dos calles principales ortogonales orientadas en dirección norte-sur (*cardus*) y este-oeste (*decumanus*) que determinaban el epicentro de la ciudad, a partir del cual se articulaban el resto de elementos, como el foro, creado a partir del ensanchamiento del punto de cruce de ambas calles. El recinto poblacional estaba fortificado para defenderse de los ataques enemigos y cuatro puertas situadas en los extremos del *cardus* y del *decumanus* daban acceso a la ciudad. En general, las ciudades contaban con una espectacular obra de ingeniería hidráulica: los acueductos (de nuevo vemos cómo la necesidad de abastecerse de agua condicionaba el paisaje urbano y su planificación). Respecto a sus antecesoras griegas, las ciudades romanas eran más eficientes en su gestión y defensa.

Otro modelo de ciudad es el burgo medieval, un pequeño núcleo urbano en torno a un castillo o fortaleza que hacía las veces de puesto de frontera del señor feudal. Ahí surgió, en el siglo XII, una nueva clase social que se revelaría decisiva en el devenir posterior de las ciudades: la burguesía, entendida como el conjunto de los habitantes del burgo (los burgueses), que se dedicaban al comercio, la artesanía o las profesiones liberales. A partir de la Baja Edad Media, el término burgo también se aplicó a los barrios que crecían alrededor de los mercados establecidos junto a las iglesias.

14

En el Renacimiento hubo que reordenar la estructura de las ciudades medievales europeas, amuralladas y encerradas en sí mismas, para poder incluir nuevos y singulares edificios, lo que dio pie a las primeras reflexiones sobre el espacio público. En un retorno a las concepciones aristotélicas y platónicas de la ciudad, el ágora recuperó su protagonismo como centro neurálgico y punto de encuentro social y cultural. Ciudades como Florencia otorgaron gran protagonismo al arte y la arquitectura en unas calles que todavía hoy invitan a pasear y conversar. En este periodo, Leonardo Da Vinci planificó la ciudad en aras de la higiene y la habitabilidad, pues estaba convencido de que las enfermedades irrumpían con más fuerza y se propagaban más fácilmente en las urbes que en el campo.

Durante el barroco se enfatizó la arquitectura urbana a través de nuevas perspectivas y distribución de espacios y edificios cuya elegancia, tamaño y formas atendían al simbolismo en detrimento del humanismo propio de los griegos. Posteriormente, en el siglo xix, las ciudades europeas crecieron más allá de las murallas, que fueron derribadas para facilitar la comunicación intramuros y extramuros.

La ciudad italiana de Florencia, que durante el Renacimiento emergió como una de las ciudades más importantes de Europa, albergó y plasmó el ideal humano de belleza y armonía en su arquitectura y en su entramado urbano.

LA CIUDAD INDUSTRIAL

La evolución urbana no se detuvo ahí. Las ciudades debían satisfacer mediante infraestructuras y servicios las crecientes necesidades del ser humano conforme la sociedad se volvía cada vez más compleja. Asimismo, la administración municipal requería formas de gestión más eficientes ante la nueva y cambiante realidad de sus ciudadanos. En el siglo xix, paralelamente a la revolución industrial, eclosionó una nueva ciudad que intentó dar respuesta a una economía inédita, caracterizada por una ingente producción y distribución de mercancías, espoleadas en parte por el colonialismo. En las calles se concentraban nuevas industrias, almacenes y comercios creados por una burguesía en pleno crecimiento económico y cuya influencia política y social era cada vez mayor. El desarrollismo burgués se tradujo en ensanches, generalmente planificados, y grandes bulevares, como los de París. La capital francesa experimentó una transformación absoluta en su urbanismo de la mano de Georges-Eugène Haussmann (1809-1891), artífice del París moderno que rompió con la época medieval. En apenas dos décadas y tras una fuerte inversión económica –más de 500 millones de francos–, una ciudad insalubre, con callejuelas serpenteantes, estrechas, sucias, húmedas y oscuras, se abrió a las grandes avenidas arboladas, bulevares y jardines. Haussmann renovó el 60% de los edificios de París, de cuyo centro histórico fue expulsada la clase obrera hacia las afueras. La sustituyó la burguesía, que, tras la demolición de las viejas viviendas y la eliminación de numerosas calles, se instaló en nuevos y cómodos apartamentos. El plan Haussmann también incluyó nuevas conducciones de agua, el diseño de un gran alcantarillado y la ampliación de la ciudad mediante distritos en la periferia. Posteriormente siguieron los pasos de París otras ciudades como Londres, Viena, Moscú y Florencia. A partir de finales del siglo xix, ingenieros como Nikola

Tesla, George Westinghouse, Ernst Werner von Siemens, Alexander Graham Bell y Thomas Alva Edison desarrollaron las múltiples aplicaciones de la electricidad, fuente de energía esencial de la llamada segunda revolución industrial. En este escenario, la energía eléctrica facilitó el surgimiento de las coronas periféricas, extrarradios o áreas metropolitanas. Nuevamente, en las zonas más exteriores se construyeron barrios obreros, esta vez levantados por mano de obra inmigrada del campo a la ciudad que vivía en condiciones precarias.

Si hasta entonces la gobernanza urbanística del sector público se había limitado a aspectos sanitarios, residenciales y monumentales, el expansionismo asociado a esta segunda revolución industrial precisó la intervención de la administración en los constantes litigios provocados por la ocupación, compra y edificación de suelo público a cargo de las empresas. El suelo y su ubicación más o menos privilegiada constituían un nuevo y cotizadísimo valor económico. Por otro lado, las ciudades también debían dar respuesta a necesidades como el sistema de distribución de agua potable, la eliminación de las aguas negras y el transporte dentro y fuera de la ciudad, así como a la lucha de la clase obrera por mejorar sus condiciones laborales y de vida. Más tarde, la gestión pública del suelo incorporó criterios de sostenibilidad y de respeto al medio ambiente, por lo que cualquier actuación urbana debía ir acompañada de una evaluación ambiental estratégica. Estrategia y sostenibilidad serán dos de los factores clave en el posterior desarrollo de las ciudades inteligentes.

LA CIUDAD UTÓPICA

El ser humano ha soñado desde la Antigüedad con una hipotética ciudad ideal. Uno de estos soñadores fue Filippo Tommaso Marinetti, que en su famoso *Manifiesto futurista* (1909) planteaba la creación de la utópica Ciudad Nueva, cuyos bocetos se concretaron en 1913 y 1914. Al cabo de dos décadas, en 1933, se firmó en el IV Congreso Internacional de Arquitectura la Carta de Atenas, un manifiesto urbanístico que Josep Lluís Sert y Le Corbusier publicarían casi diez años después, en 1942. Era la utopía hecha ciudad planificada.

La ambiciosa renovación urbanística y arquitectónica proyectada por Georges-Eugène Haussmann en el París del siglo XIX trazó el camino que seguirían muchas ciudades europeas, que también abrirían nuevas y amplias calles, elegantes avenidas y paseos y jardines.

El arquitecto suizo Le Corbusier durante una visita, en los años 1930, Manhattan. Este barrio neoyorquino fue el paradigma de la ciudad vertical durante varias décadas.

El ideal utópico urbano se hizo realidad el 21 de abril de 1960 con la inauguración de Brasilia, la nueva capital de Brasil. Sus artífices fueron el urbanista Lúcio Costa, el arquitecto Oscar Niemeyer (discípulo de Le Corbusier), el paisajista Roberto Burle y el presidente brasileño Juscelino Kubitschek, quien apoyó política y financieramente la obra. Brasilia fue el intento de construcción de una ciudad utópica que ha llegado más lejos. La idea era crear un modelo y una estrategia de desarrollo para beneficio de sus habitantes, con cuatro ejes básicos: trabajo, residencia, descanso y circulación. Para ello había que sectorizar la ciudad, despejada y con grandes zonas verdes, en pequeñas comunidades que integrasen los distintos estamentos. Lúcio Costa dividió la zona en dos ejes principales en cruz, recuperando la ordenación urbana romana. Un eje fue destinado al poder público y administrativo, y el otro a la vida particular y residencial. Salvando las lógicas distancias, en las ciudades inteligentes de hoy subyacen trazos de este planteamiento. No obstante, los expertos coinciden en señalar que Brasilia solo ha logrado cumplir parcialmente su objetivo principal, ya que en el presente sufre los mismos problemas que cualquier otra urbe contemporánea.

El concepto de *smart city* fue alumbrado en el siglo xx. El geógrafo y urbanista británico Michael Batty, una de las personalidades más prestigiosas en el ámbito de la investigación de la relación entre las ciudades y la tecnología, afirma en su artículo *La ciudad computable* (1997) que la década de 1950 marcó el inicio del uso de los ordenadores para procesar los datos generados por las metrópolis. La necesidad de procesar las transacciones

«*Los ordenadores tendrán que ser utilizados para comprender ciudades que son construidas por ordenadores*».

Michael Batty

fue lo que motivó el uso masivo de los sistemas de información en las ciudades. Para Batty, se puede hablar de «ciudad computable» a partir del momento en el que las TIC empiezan a cambiar la manera de gestionar las ciudades. Al principio, el objetivo era analizar y comprender esos datos para hallar soluciones a los problemas urbanos, pero, según Batty, «la línea divisoria entre los ordenadores utilizados para ayudarnos a entender las ciudades y aquellos otros cuyo fin es gestionarlas y controlarlas no solo se ha borrado, sino que virtualmente ha desaparecido. Los ordenadores tendrán que ser utilizados para comprender ciudades que son construidas por ordenadores».

El Palacio Nereu Ramos es la sede del Congreso Nacional de Brasil. Ubicado en su capital, Brasilia, fue diseñado por el arquitecto Oscar Niemeyer e Inaugurado en 1960.

CIUDADES INTELIGENTES

Sostenibilidad y calidad de vida

Hablar de ciudades inteligentes implica necesariamente introducir conceptos como desarrollo sostenible –que apela directamente al medio ambiente, la economía, la sociedad y la gobernanza– y mejora de la calidad de vida de los ciudadanos –que, entre otras cosas, se logra poniendo el uso de las TIC al alcance de todos y evitando generar una brecha digital–.

TECNOLOGÍA Y CALIDAD DE VIDA EN LAS CIUDADES DEL SIGLO XXI

El uso de internet, masificado a través de la World Wide Web (www), ha supuesto un punto de inflexión en las necesidades y nuevas rutinas de los ciudadanos, impulsando definitivamente las herramientas tecnológicas en la gestión de las ciudades. Esas nuevas necesidades han dado lugar a nuevos conceptos, como crecimiento y desarrollo sostenible (uno de los *leitmotiv* de las *smart cities*) o crecimiento inteligente *(smart growth)*. Desarrollado en el contexto del llamado nuevo humanismo, el *smart growth* aboga por una estrategia de planificación urbana más eficiente y que implique un menor consumo del suelo. Calidad de vida e inclusión social son otros conceptos que acompañan la idea de ciudad inteligente. En 1996, en la segunda conferencia de la ONU sobre las ciudades, Hábitat II, celebrada en Estambul, se fijaron los retos de las metrópolis en el nuevo milenio: las ciudades como espacios en los que las personas vivan con dignidad y salud. Sin embargo, no fue hasta Hábitat III (Quito, 2016) cuando se concibió la ciudad inteligente como el entorno en el que la ingeniería implementará soluciones para mejorar la calidad de vida de sus habitantes, proteger el medio ambiente y promover el crecimiento económico sostenible. Tal como dijo Wellington E. Webb, alcalde de Denver entre 1991 y 2003: «Si el siglo XIX fue el siglo de los imperios y el siglo XX el de las naciones, el siglo XXI lo será de las ciudades».

¿QUÉ ES UNA CIUDAD INTELIGENTE?

El concepto de ciudad inteligente se ha definido desde muchos puntos de vista, que básicamente hacen referencia a la mejora de la calidad de vida de los ciudadanos gracias a la disponibilidad de mejores servicios públicos, al acceso a la información, a la sostenibilidad y al desarrollo sostenible de la economía local. Peter Sany, director ejecutivo de TM Forum, aborda la cuestión centrándose en la vertiente tecnológica y define una *smart city* como «un lugar donde la tecnología cobra vida». BSI (British Standards

En la conferencia Hábitat III de 2016, la ONU (en la imagen) puso en manos de la ingeniería la responsabilidad de mejorar la calidad de vida de los habitantes de las *smart cities*, proteger el medio ambiente y promover una economía sostenible.

Institution), en su publicación *Smart Cities Framework: Guide to Establishing Strategies for Smart Cities and Communities* (2014), va un poco más allá y considera que una ciudad inteligente es la que «integra de forma efectiva los sistemas físicos, digitales y humanos en un entorno construido para ofrecer un futuro sostenible, próspero e inclusivo para sus ciudadanos».

Una buena definición de *smart city* sería esta: ciudad que utiliza la tecnología para prestar los servicios urbanos de forma más eficiente, gestionar mejor sus operaciones y optimizar el uso de recursos limitados, con el objetivo de mejorar la calidad de vida de sus habitantes y transformar la relación entre las entidades locales, las empresas y los ciudadanos.

Las TIC son el instrumento utilizado por las *smart cities* para hacer posible la conectividad, la sensorización y monitorización de servicios públicos y la integración del e-ciudadano: Wireless, IoT, 5G.

¿CÓMO ES UNA *SMART CITY*?

Una *smart city* debe contar con una conectividad de alta calidad y atender a la seguridad, la comunicación y a la innovación. Todo ello tiene como consecuencia mejoras en la movilidad urbana (mayor rapidez, eficacia y sostenibilidad); en la generación, distribución y consumo de energía (mayor eficiencia y carácter renovable); en las instalaciones de suministro de agua y gas; en la gestión inteligente de la iluminación pública; en la calefacción de los edificios (sistemas eficaces y no contaminantes); en el servicio de recogida y tratamiento de residuos; en la vigilancia y en la gestión de urgencias y seguridad pública; en la educación; en la salud; en la economía (mayor competitividad); en la gobernanza local, que deberá ser abierta, transparente y participativa, etc.

27

Este marco general debe potenciar un desarrollo social, tecnológico y económico de la ciudad sostenible y eficiente. La *smart city* debe comprometerse con su entorno y con sus ciudadanos mediante el uso de soluciones tecnológicas en todo tipo de infraestructuras, así como facilitar la interacción de sus habitantes y el acceso a elementos y recursos institucionales, urbanos, tecnológicos, culturales, educativos, históricos, turísticos, sanitarios, etc. El desarrollo tecnológico se fundamenta en un complejo sistema técnico global y eco-sostenible que funciona gracias a la coexistencia de múltiples subsistemas o procesos conectados. Gracias a la implementación de la tecnología, las ciudades obtienen una cantidad ingente de datos (*big data*) que deben ser capaces de cruzar y gestionar. La siguiente fase consiste en extraer resultados efectivos, cuantificables y verificables para transformarlos en información útil, tanto para la ciudad como para los residentes y los visitantes.

La acumulación de datos permite elaborar modelos para prevenir y gestionar situaciones futuras. Debe tenerse en cuenta

Machine learning, inteligencia artificial, *big data* e IoT son
tecnologías disruptivas integradas en las cámaras de seguridad
públicas de las las ciudades inteligentes. Disponen de diversas
aplicaciones, como el reconocimiento facial de personas.

que la inteligencia aplicada a una ciudad no es un fin en sí
mismo, sino que supone la puesta en marcha de un círculo virtuoso que nunca acaba. En efecto, una *smart city* elabora una
planificación y una estrategia basadas en el medio y largo plazo
para satisfacer las necesidades tanto de las generaciones actuales como de las futuras. Estamos hablando, en definitiva, de
innovación y de resiliencia. Ello implica entrar en un proceso
de mejora de la ciudad único y constante: único porque cada
ciudad responde a una realidad propia y exclusiva que hace que
una misma receta no siempre sirva para dos metrópolis diferentes; constante porque se trata de un ecosistema vivo, sostenible y cambiante en el que intervienen multitud de actores
(ciudadanos, organizaciones, instituciones, gobierno, universidades, empresas, centros de investigación, etc.). El secreto del
éxito radica, pues, en un liderazgo sólido –alcaldes que apues-
ten decididamente por el proyecto a medio y largo plazo y esta-
blezcan una estructura de profesionales capacitados para lle-
varlo a cabo– y en la colaboración público-privada. Este enri-
quecimiento de las ciudades *sine die* sitúa al ciudadano y a la
sostenibilidad en el corazón de su razón de ser.

Valga como reflexión final de este apartado la que recoge el
Índice IESE Business School Cities in Motion 2018 (ICIM): «Más
allá del desarrollo tecnológico y económico, son los ciudadanos
los que tienen la llave para que las ciudades pasen de "inteligentes" a "sabias". Esa es precisamente la meta a la que debe aspirar
toda urbe: que las personas que viven en ella y sus gobernantes
desplieguen todo su talento en favor del progreso».

UNA CIUDAD MEDIOAMBIENTALMENTE SOSTENIBLE

Las grandes concentraciones urbanas provocan un importante
impacto en el medio ambiente. Las consecuencias son conocidas: mayores índices de contaminación del aire y el agua, alta

generación de residuos sólidos y consumo indiscriminado de energía. Por tanto, las ciudades del futuro deberán ser capaces de evitar estos excesos, reduciendo en gran medida el uso de combustibles fósiles y utilizando fuentes de energía renovables. Los beneficios son enormes: mayor independencia energética, disminución de pérdidas en el transporte de la energía, aumento de la fiabilidad en las líneas de transporte y mayor satisfacción del consumidor. Los objetivos que fija la Unión Europea para las *smart cities* son:

- Disminuir un 20% el consumo de energía respecto a los niveles proyectados en 2012.
- Reducir un 20% (como mínimo) las emisiones de CO_2.
- Incrementar un 20% el consumo de energía renovable (para el transporte establece que como mínimo un 10% de los combustibles debe ser renovable).

La integración de la naturaleza y su gestión sostenible es uno de los principales retos a los que debe hacer frente una *smart city* que aspire realmente a serlo. Existen proyectos de ciudades inteligentes en todo el mundo en el que la dimensión medio ambiental centra su estrategia urbana.

Uno de los objetivos del urbanismo
sostenible es la cohesión social: todas las
clases sociales deben tener las mismas
posibilidades de acceso a las TIC.

EL URBANISMO SOSTENIBLE Y LA COHESIÓN SOCIAL

El desarrollo territorial y urbano sostenible debe abordarse en un contexto de desplazamiento progresivo e inexorable de la población mundial a las ciudades, lo que plantea un reto mayúsculo: la ocupación óptima del suelo (tanto edificable como no edificable). Una *smart city* debe regular su uso y explotación considerando variables como el medio ambiente, la prestación de servicios y la cohesión social, etc., y poner en práctica políticas y proyectos sostenibles relativos a la oferta de vivienda, seguridad, movilidad, educación, salud y energía.

32

SUPERAR BARRERAS
PARA ALCANZAR EL OBJETIVO

A lo largo y ancho del mundo se han emprendido iniciativas *smart* de muy diversa tipología e intensidad. Algunas han tenido éxito, mientras que otras se han quedado por el camino o han logrado a medias sus objetivos. La implementación de estos proyectos y su evaluación final han puesto de relieve las barreras y dificultades con las que se topan las metrópolis. No obstante, cabe recordar que cada ciudad es una realidad concreta y única, definida por sus características geográficas, culturales, políticas, económicas y ambientales. Por tanto, los problemas de un área urbana no tienen por qué coincidir con los de otra. La encuesta realizada por SmartCitiesWorld (www.smartcitiesworld.net) a más de 150 intelectuales de una veintena de países de todo el mundo recoge los mayores obstáculos para las *smart cities*: las restricciones presupuestarias, la falta de infraestructuras y la visión a corto plazo. Así, los principales problemas a los que deben enfrentarse se podrían clasificar en 4 grandes categorías: institucionales y regulatorios, sociales, tecnológicos y económicos.

BARRERAS Y DIFICULTADES

Institucionales y regulatorios

- No diseñar un plan estratégico basado en el medio y largo plazo.
- Concebir estrategias no transversales ni globales, con objetivos poco claros o de difícil logro.
- No definir un modelo de negocio sostenible en el tiempo, ni para las empresas ni para las propias ciudades.
- Mantener estructuras públicas y herramientas de gestión arcaicas, no transversales, escalables ni resilientes.
- No afrontar la transformación digital y cultural de la administración pública.
- Carecer de personal cualificado y de formación continua.
- Mantener un modelo obsoleto de servicios tecnológicos que no permitan soluciones desde el *cloud* (las cuales reducen la inversión y mejoran la implementación).
- Falta de apoyo de los poderes políticos, encabezados por su alcalde o gobernador.
- Riesgo de que el equipo humano de la administración pública encargado del diseño, implementación y evaluación del proyecto dependa de los resultados electorales.
- Lentitud burocrática en la tramitación de los proyectos, contratos y servicios públicos relacionados con la ciudad inteligente.
- No fomentar la cultura de la innovación y del *networking*.
- Un marco regulatorio y administrativo poco flexible: falta de adaptación a los cambios que han acarreado las plataformas móviles.
- Mal uso de los datos personales y vulneración de la privacidad de las personas.
- Accesibilidad universal: dificultad en el acceso a los servicios y a la información pública de la ciudad por parte de los ciudadanos.

- No desarrollar ni actualizar al ritmo necesario una infraestructura tecnológica óptima para gestionar las soluciones técnicas previstas
- Desarrollo de una estrategia y planificación responda a los intereses y plazos de las empresas tecnológicas: caer en monopolios.
- Inexistente colaboración entre el sector público y el privado
- Imponer una agenda sin tener en cuenta al ciudadano
- Considerar que las tecnologías de la información son equivalentes a la regeneración urbana

Sociales

- Rechazo de una parte de la ciudadanía a los nuevos modelos y que esta no se sienta comprometida ni participe.
- Falta de colaboración entre las instituciones cívicas y los ciudadanos

Tecnológicos

- Implementación de soluciones tecnológicas no compatibles con otros estándares existentes o futuros (código abierto)
- Complejidad en el acceso y uso de la información y de los servicios digitales
- Definición de unos estándares no universales

Económicos

- Falta de recursos económicos y materiales
- Inversión económica requerida cuantiosa y dificultades para conseguirla
- Incapacidad de promover nuevos modelos de negocio que proporcionen financiación para las nuevas empresas

AREAS DE APLICACIÓN

La smart city a pie de calle

Los principales ámbitos en los que las ciudades aplican las estrategias y las tecnologías contempladas en su planificación inteligente son: sociedad, movilidad, economía, gobernanza y medio ambiente. Objetivo: cubrir todas y cada una de las dimensiones de la vida humana en comunidad para mejorar sus condiciones de vida.

En una *smart city,* la función principal de las tecnologías
de la información es facilitar el acceso de los ciudadanos
a la información y a la participación activa.

SOCIEDAD: CREAR UNA «E-CIUDADANÍA»

La ciudadanía es el eje sobre el que deben girar las acciones planificadas de una ciudad inteligente, y para ello resulta esencial
la comunicación entre ciudadanos y administración. Para construir una *smart city* es imprescindible contar con la participación
de una sociedad informada, concienciada y formada digitalmente.
Además, hay que luchar contra la exclusión social (de la tercera
edad y de las personas en riesgo de pobreza o de segregación) para
que todos puedan disfrutar de las dinámicas digitales que ofrece
la ciudad. La formación en conocimientos y habilidades digitales
es, en consecuencia, un objetivo clave. En resumen, la estrategia
social de una *smart city* debe tener tres premisas: colaboración ciudadana, educación e inclusión social.

Las TIC (tecnologías de la comunicación e información) jue-
gan un papel fundamental en la interacción entre la administración y el ciudadano. Pero es preciso que toda la población
sepa manejarse en este medio. Según la U4SSC (United for
Sustainable *Smart Cities*), una iniciativa europea de la ONU, «el
cimiento de las sociedades futuras es la ciudadanía. Y la primera piedra, la educación». Una ciudad y, por extensión, sus centros educativos deben facilitar el acceso online a estos recursos.
Además, las TIC pueden optimizar la eficiencia y la eficacia de la
educación porque mejoran la conectividad y la colaboración entre
estudiantes y entre estos y los centros educativos.

De hecho, el sector de la educación tiene ante sí el reto de, apo-
yándose en la digitalización, crear una sociedad de *smart citizens,*
formados en temáticas esenciales como sostenibilidad, recursos,
healthcare, emprendimiento, conciencia medioambiental, seguridad, datos, etc. Para alcanzar este objetivo, un instrumento de
gran ayuda es el *e-learning* (educación en línea), que consiste en

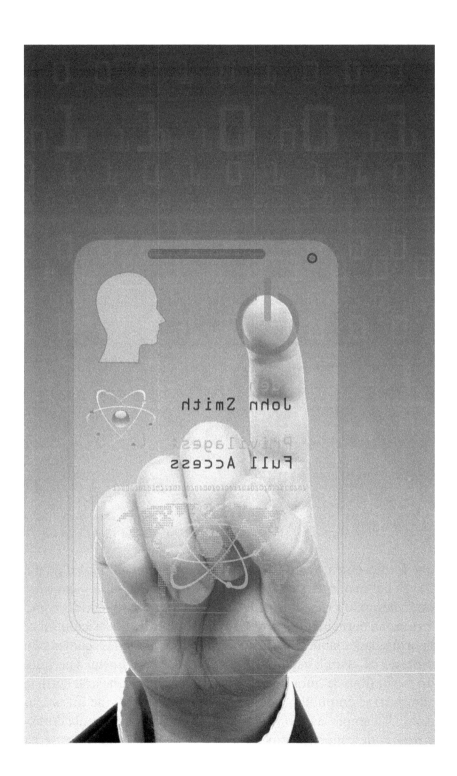

que los docentes y estudiantes participen en un entorno digital a través del uso intensivo de internet y de las TIC. Las *smart cities* están llevando a cabo una serie de proyectos en este sentido, como formación permanente, foros de apoyo online e información sobre oportunidades laborales y encuentros que facilitan la reconversión profesional. Asimismo, la aplicación de redes inteligentes permite un mejor flujo de información y una mayor interconexión entre la administración pública, los centros de formación y de investigación y las empresas. El resultado es la creación de «incubadoras» virtuales de conocimiento. En Friedrichshafen (Alemania) se ha

El ámbito educativo de una *smart city* tiene ante sí una fantástica oportunidad para implementar nuevas estrategias pedagógicas y de comunicación basadas en las TIC.

desarrollado la plataforma de educación online Edunex, en la que los profesores almacenan materiales académicos con el fin de que los estudiantes puedan ampliar contenidos o encontrar recursos para realizar los deberes.

Las plataformas de e-learning, conocidas por las siglas en inglés LMS (Learning Management System), permiten las evaluaciones a distancia, la flexibilidad en la realización de las tareas, el seguimiento de la adquisición de conocimientos, el intercambio de archivos, el uso de chats, etc. En Moscú, por ejemplo, se ha creado una aplicación para *smartphones* y *tablets* que conecta a 1,2 millones de alumnos de enseñanza primaria y secundaria de la capital rusa con sus 2 millones de padres y sus 70.000 docentes. La escuela envía digitalmente a los progenitores, en tiempo real, las calificaciones de los alumnos.

Sin embargo, cuando hablamos específicamente de plataforma *e-learning*, nos referimos a un campus virtual de aprendizaje compartido por alumnos y docentes, sean parte de un centro escolar o no. Estas plataformas pueden ser tanto privadas como públicas. De hecho, muchos municipios impulsan plataformas digitales de formación con las que ponen al alcance de los ciudadanos módulos temáticos para reciclar sus conocimientos. De esta manera, amplían sus posibilidades de lograr un nuevo empleo o de mejorar el desempeño del actual.

Tras detectar que el 70% de los estudiantes que viven en el oeste de China –una de las zonas más pobres del país– no finalizaban el noveno año de la educación obligatoria, las autoridades desarrollaron el proyecto Blue Sky eLearning. Esta plataforma de *e-learning* permite a los estudiantes de las áreas rurales tener acceso a todo tipo de contenidos y recursos educativos, información en tiempo real, noticias, foros y chats. Se trata de un buen ejemplo de colaboración público-privada, ya que en el proyecto participan la Universidad Xi'an Jiaotong y la multinacional tecnológica IBM.

MOVILIDAD

La movilidad y el transporte son una de las áreas de mayor incidencia, puesto que muchas ciudades padecen graves problemas de tráfico. En este punto hay que considerar tres parámetros: el tiempo (duración de los desplazamientos en el interior de las ciudades), el índice de contaminación provocada por los vehículos y los atascos, y la probabilidad de padecer accidentes.

Las TIC tienen muchísimo que decir y un largo camino por recorrer en este tema. Las *smart cities* deben mejorar tanto la calidad como la cantidad de las infraestructuras de transporte terrestre (vehículos ecológicos, autobuses, metro, ferrocarril, tranvía) para dar respuesta a los nuevos requerimientos de movilidad de los ciudadanos conectados y de las empresas y negocios digitales *(e-commerce)*. Para ello, la *smart mobility* ha de tener en cuenta los siguientes factores:

40

- Gestión eficiente de rutas y horarios de viaje.
- Información en tiempo real de flujos de tráfico, dando prioridad al transporte de emergencias y al transporte público y potenciando la eficiencia del privado.
- Logística y transporte de mercancías.
- Localización y acceso a las infraestructuras de recarga de vehículos eléctricos, gasolineras, servicios médicos y primeros auxilios.
- Detección automática de infracciones del código de circulación y peligros en las carreteras, así como información online de accidentes.
- Predicción de posibles efectos sociales y ambientales mediante el desarrollo de simulaciones matemáticas para comparar vías de circulación y escenarios de transporte.
- Servicios de información online para los ciudadanos: estado de las conexiones y horarios estimados de paso del transporte público, *car-sharing*, servicio público de bicicletas.
- Impulso de medios de transporte sostenibles.

La buena gestión de estos elementos abre la puerta a nuevos servicios y modelos de negocio relacionados. Mientras tanto, se

puede recurrir a sensores de movimiento en las calles y carreteras, al control inteligente de semáforos, al monitoreo de rutas
por cámaras, a los sistemas de señalización digital dinámica, al
peaje automático, al GPS para monitoreo y localización de flotas
y para la optimización de los trayectos de las ambulancias, o al
control de plazas de estacionamiento.

La ciudad holandesa de Utrecht, donde los ciclistas son los ver-
daderos protagonistas de la calle, ha puesto en práctica un modelo
de sensorización vinculado con la movilidad: paneles electrónicos
informan a los ciclistas del número de plazas libres en cada uno
de los estacionamientos para bicicletas. En Estocolmo, el primer
autobús sin conductor es capaz de transportar a 11 pasajeros en
un recorrido de 1,5 km. Y en Londres están desarrollando proyectos de implementación de pasos de cebra inteligentes.

Dubái (Emiratos Árabes Unidos) encara los problemas de
movilidad promoviendo los vehículos ecológicos, al tiempo que
utiliza el *big data* para recomendar a los conductores las mejores rutas. Además, alberga el proyecto Hyperloop, un nuevo sistema de transporte basado en una cápsula de levitación magnética
impulsada a través de un tubo de vacío a una velocidad de hasta
1.200 km/h. Hyperloop tiene previsto recorrer los 140 km que
separan Dubái de Abu Dabi en apenas 12 minutos.

Actualmente es muy común ver por las calles flotas municipales de vehículos eléctricos. No obstante, el abanico de automóviles impulsados por energías no fósiles es muy amplio. Los hay
híbridos o híbridos enchufables, de biodiésel, gas (GLP, GNC,
GNL), etanol, hidrógeno, etc. El vehículo eléctrico tiene ante
sí varios obstáculos que superar, entre ellos la extensión de la
infraestructura pública de recarga, la duración de las baterías (y
la gestión de sus residuos) y la estandarización de los puntos de
recarga y de la correspondiente normativa.

Sin embargo, el futuro de la movilidad urbana reside en los
vehículos autónomos, sin conductor. Grandes empresas (Google,
IBM, Mercedes Benz), universidades de prestigio y centros de
investigación están desarrollando proyectos de I+D+i relacionados con los vehículos autónomos. Uno de ellos es el que ha
emprendido la Universidad Libre de Berlín con un prototipo que

41

ha circulado por las calles de la capital alemana y de Suiza y que ha recorrido 2.400 km desde Nogales, Arizona (Estados Unidos), hasta Ciudad de México de manera autónoma, aunque con un ingeniero a bordo por si había que intervenir. Para que la implantación de estos coches sea exitosa hace falta un sistema inteligente que opere según las reglas vigentes de tráfico y que entienda quién tiene preferencia de paso en una intersección, además de toda una serie de sensores que informen de cuántos vehículos hay a su alrededor, a qué velocidad circulan y a qué distancia se encuentran.

ECONOMÍA

Una ciudad inteligente debe ser capaz de crear un ecosistema económico sostenible. Persiguiendo este objetivo, la *smart economy* contempla como una de sus bases el *e-commerce* (comercio electrónico), el *e-business* (negocios digitales), las TIC y el

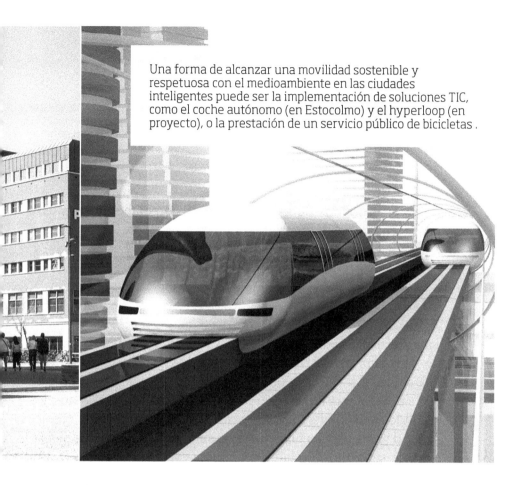

Una forma de alcanzar una movilidad sostenible y respetuosa con el medioambiente en las ciudades inteligentes puede ser la implementación de soluciones TIC, como el coche autónomo (en Estocolmo) y el hyperloop (en proyecto), o la prestación de un servicio público de bicicletas .

emprendimiento. En este escenario tecnológico surgirán nuevos modelos de negocio y empresas que se adaptarán a las necesidades de los ciudadanos y que atraerán capital inversor. La tecnología se antoja de nuevo un elemento tractor de esta nueva economía.

La *smart economy* productiva se centrará en aspectos como:

1. La creación de oficinas modulares descentralizadas u oficinas satélites virtuales con acceso a internet que fomenten el teletrabajo y que suministren servicios auxiliares a sus usuarios.
2. El fomento del *co-working* como vía para impulsar el *networking* y el trabajo colaborativo y para compartir el *know how* y los conocimientos entre profesionales de distintos sectores.

En este ecosistema económico, la innovación puede ser impulsada tanto por la administración como por los empresarios. Para una *smart city* es importante contar con «incubadoras» que colaboren con universidades y se relacionen con inversores de capital

Un punto crítico del *e-commerce* es la llamada última milla (entrega del pedido). Un buen plan logístico y el uso de las TIC pueden mejorar la distribución y reducir la contaminación que genera.

riesgo, con fondos de inversión, etc. Esta colaboración puede potenciar nuevas industrias, servicios y procesos, así como una mano de obra más cualificada.

GOBERNANZA

La gobernanza está relacionada con los servicios públicos asociados al gobierno de la ciudad y con el modo en que se hace partícipe a la ciudadanía de cuestiones como la transparencia y la toma de decisiones. Si esta última está consensuada con los ciudadanos, los resultados responderán con seguridad a las necesidades e inquietudes de los usuarios finales. En cambio, si el gobierno municipal impone su criterio unilateralmente, la estrategia pública tendrá bastantes posibilidades de fracasar. Sobre el gobierno y la administración de la metrópolis, también llamado *e-government* o *smart government*, encontramos diversas aplicaciones:

- Adquirir herramientas para poner en práctica la e-democracia y para potenciar la comunicación directa con la administración pública, incluido el uso de encuestas online con el objetivo de conocer la opinión de los ciudadanos.
- Facilitar el acceso a la información básica, realizar trámites burocráticos y administrativos, pagar tasas e impuestos utilizando la firma digital y otros medios digitales.
- Simplificar y automatizar el flujo de trabajo de estos procesos.

Ciudades de todo el mundo emplean las TIC para promover la participación pública. Son espacios ideales para conocer la opinión de la ciudadanía y valorar aplicaciones municipales para teléfonos inteligentes relativas al transporte público, la información turística, la e-administración, etc.

Una ciudad pionera en este ámbito fue Edimbugo (Escocia), cuyo Ayuntamiento fomentó la participación de los ciudadanos en el diseño de los servicios ofrecidos por la administración electrónica. El proyecto Web Services Pilot es un portal abierto a la ciudadanía que tiene como objetivo mejorar la eficiencia de los servicios y la experiencia del usuario.

Dubái ha implantado un sistema digital que permite pagar las facturas e impuestos con la tarjeta Dubai Now. Además, ha desarrollado una plataforma de negocios para que los inversores interesados en afincarse en la ciudad dispongan de la información necesaria para decidir qué barrio les resulta más interesante. Y eso no es todo: un asistente virtual con inteligencia artificial resuelve cualquier duda sobre la ciudad y un programa de salud informa a los pacientes del tiempo de espera en cualquier consulta médica.

La gobernanza también incluye la seguridad pública. He aquí algunos ejemplos de aplicaciones inteligentes en este sector: monitoreo de las calles mediante cámaras; sensores de movimiento y ruido; cámaras de cuerpo integradas; GPS para mapeo geográfico de incidentes y localización de vehículos; sensores de

El coche autónomo se está erigiendo como uno de los paradigmas de
aplicación real de las TIC en las smart cities, ya que tiene todos los
ingredientes para cambiar la movilidad y el uso del automóvil.

apertura de puertas y ventanas asociados a sistemas de alarma;
integración de alarmas de incendio en la domótica de los edificios; prevención de inundaciones y sistemas antirrobo; sensores
de seguridad y movimiento para edificios; sistemas remoto para
desconectar equipos eléctricos e iluminación ambiental; sensores de temperatura, humo y humedad para bibliotecas, museos
y otros ambientes sensibles; sensores de gases tóxicos y rayos
ultravioleta integrados en sistemas de alerta.

MEDIO AMBIENTE

46

Las necesidades relacionadas con la mejora del medio ambiente
de los núcleos urbanos son claras: reducir las emisiones de gases
contaminantes, gestionar el agua de una forma más eficiente y
controlada para disminuir su consumo, integrar la vegetación,
reducir los residuos al mínimo y optimizar su recogida y tratamiento para potenciar una economía circular.

Entre los sensores potencialmente aplicables en la protección
ambiental se cuentan los que miden la calidad del aire (gases contaminantes), el ruido (contaminación sonora), el nivel de agua de
ríos y embalses, los temblores y deslizamientos sísmicos, la calidad del agua potable y el nivel del mar y su calidad.

La correcta gestión de los desechos según el concepto «cero
residuos» y la llamada economía circular ofrecerá nuevas oportunidades de negocio e innovación relacionadas con el reciclaje,
como por ejemplo sistemas especializados en gestión y recogida
de componentes reutilizables a partir de residuos, así como sistemas para la separación de materiales. En los contenedores públicos es posible instalar sensores para monitorizar el volumen de
basura alcanzado y maximizar así la eficiencia de la gestión de
las rutas públicas de recogida.

La eficiencia y sostenibilidad de instalaciones urbanas, como el alumbrado, la energía y la climatización, es uno de los retos más importantes al que tiene que hacer frente una *smart city.*

El urbanismo y los edificios inteligentes son otros dos elementos importantes. El urbanismo sostenible debe tener en cuenta el uso correcto del suelo y su clasificación de acuerdo con su edificabilidad, dado que estos factores generan variables relacionadas con el microclima urbano: la orientación de las fachadas reduce las necesidades energéticas; el trazado de las calles y la ubicación de los edificios deben respetar el flujo natural del viento; el uso de árboles y plantas purifican el aire urbano.

Por otro lado, el margen de mejora en la gestión de las infraestructuras y las necesidades energéticas de los edificios (luz, gas, calefacción) es muy grande. La tendencia es diseñar, construir y habitar edificios energéticamente eficientes (EeB). Para lograrlo, la hoja de ruta incide en tres aspectos fundamentales:

1. Reducir su consumo energético y su impacto medioambiental.
2. Cubrir sus propias necesidades de energía.
3. Transformarse en proveedores de energía para su entorno más inmediato.

La ingeniería ya ha desarrollado soluciones para gestionar a distancia la calefacción, la refrigeración y la cogeneración o tri-generación, como el *district heating* (calefacción de barrio) y otros sistemas de calefacción eficientes (encendido y apagado programable de refrigeración, nuevos modelos de bomba de calor, etc.). Algunos de los dispositivos y sistemas TIC que harán posible esta gestión son:

Los edificios son responsables de la emisión de una gran cantidad de gases de efecto invernadero. El hotel-casino Aria de Las Vegas es el más grande del mundo que recibió la certificación LEED Gold.

1. Objetos con chips electrónicos incorporados que reciben y transmiten información (sensores dotados de «inteligencia»).
2. Dispositivos por control remoto.
3. Comunicaciones que permiten la transmisión de información entre equipos y dispositivos.
4. Interfaces interactivas, accesibles y fáciles de utilizar para todo tipo de usuarios.
5. Uso de BMS (*Building Management System*) para la gestión inteligente de los edificios.
6. Uso de sistemas inteligentes de control energético de edificios.
7. Eficiencia económica e impacto en el ahorro de energía.

La contaminación acústica y ambiental de los edificios también debe mejorar, teniendo en cuenta los índices de sostenibilidad certificados por instituciones internacionales como la británica BREEAM (Building Research Establishment Environmental Assessment Method) o la estadounidense LEED (Leadership in Energy and Environmental Design).

Otro reto del urbanismo y de los edificios inteligentes es el suministro de agua. Al ritmo actual de inversión en la red de suministro, y considerando el crecimiento actual de la población mundial, la urbanización y el cambio climático, en 2030 habrá un déficit en el abastecimiento. Las nuevas oportunidades y mejoras se centran en las plantas de desalinización de alto consumo energético, en los sistemas de distribución y en la construcción de infraestructuras de aprovechamiento de aguas pluviales en entornos urbanos. Australia, por ejemplo, ya ha implantado este tipo de sistemas en edificios de distintas ciudades.

INNOVACIÓN Y TECNOLOGÍA EN LAS SMART CITIES

Una evolución tecnológica constante

El crecimiento exponencial de la investigación y el desarrollo tecnológico vivido en las últimas décadas en muchos sectores económicos –telecomunicaciones, automoción, robótica, energía– ha sido imparable. Fruto de este avance, las smart cities tienen ante sí una gran oportunidad para implementar soluciones que permitan una gestión urbana sostenible en todos los ámbitos.

LA CIUDAD *IN PROGRESS*

Las sociedades avanzadas han experimentado un gran progreso tecnológico en las últimas décadas –caracterizado, entre otros factores, por el crecimiento exponencial del uso de los dispositivos móviles y la expansión de las redes de sensores–, que ha permitido la innovación, el desarrollo y la implementación de nuevas aplicaciones y modelos de negocio en numerosos sectores, especialmente en el de las telecomunicaciones y en el industrial. Las ciudades y, sobre todo, los ciudadanos han sido los receptores de muchas de estas innovaciones. Algunos de sus beneficios son una mayor rapidez en la gestión de bienes y servicios, la mejora de la calidad y la disminución de los costes.

Según diferentes estudios, en el mundo ya hay más de 13 millones de sensores instalados: ocho millones de balizas, tres de puntos de acceso wifi y dos de sensores de comunicación de campo cercano (NFC). La consultora IDC Research estima que en el 2025 estarán conectados a internet 80.000 millones de dispositivos. En cuanto al volumen de datos, superará los 163 zettabytes, el 20% de los cuales provendrá del Internet de las Cosas. Pensemos que en 2015 todos los datos generados en el mundo era de 16 zettabytes aproximadamente.

A estas cifras debemos añadir los más de 8.000 millones de teléfonos inteligentes que hay en el mundo (una cifra superior a la del número total de personas). De acuerdo con los últimos datos facilitados por la ONU, en 2025 habrá en el planeta 8.500 millones de personas. En Europa, el 78% de los habitantes cuenta con un teléfono móvil inteligente.

Este escenario tecnológico ofrece otro dato revelador: el gasto mundial en tecnologías para el progreso de las *smart cities* alcanzará los 158.000 millones de dólares en 2022 según IDC Research, con Singapur, Tokio y Nueva York entre los principales contribuyentes.

En este contexto, McKinsey Global Institute, empresa de investigación de tendencias tecnológicas de prestigio internacional, ha señalado las 12 tecnologías disruptivas con un mayor potencial hasta el 2025. Las tecnologías disruptivas son aquellas que tienen la capacidad de precipitar la desaparición de productos o servicios

Algunos de los conceptos tecnológicos que componen a una ciudad inteligente incluyen la conectividad inalámbrica, Internet de las Cosas, *smart grids*, smart buildings, smart house, smart mobility.

anteriores; suponen un antes y un después, un punto de inflexión. Se trata del Internet de las Cosas (IoT), el *cloud*, la robótica avanzada, los vehículos autónomos, la Secuencia genómica de próxima generación, el almacenamiento de energía, el internet móvil, las energías renovables, la impresión 3D, la automatización del trabajo del conocimiento, la exploración y recuperación avanzada de gas y petróleo y los materiales avanzados.

Ciñéndonos al ámbito de las ciudades inteligentes, estas no se pueden concebir sin tener en cuenta las siguientes tecnologías disruptivas: Internet de las Cosas (IoT), *big data*, inteligencia artificial, nuevos sistemas *cloud*, tecnología móvil y 5G, y las *smart grids* (redes inteligentes). Podríamos afirmar que forman el ecosistema tecnológico indispensable de las ciudades del futuro.

La implantación de estos sistemas digitales en las ciudades es inexorable. Las áreas urbanas son el campo de pruebas ideal de estas tecnologías, para beneficio de la ciudadanía, las empresas y las administraciones. Las ciudades no serán inteligentes sin la tecnología.

Gracias a la tecnología NFC, se pueden pagar las compras utilizando un teléfono inteligente. Uno de los objetivos de la integración de tecnología en los smartphones es facilitar la gestión de los servicios.

INTERNET DE LAS COSAS (IOT)

Como hemos visto, en los próximos años miles de millones de dispositivos y objetos estarán conectados a internet; es el Internet de las Cosas (IoT). Un teléfono inteligente es un objeto que está conectado a internet; por lo tanto, ensambla tecnología IoT. En muchas ciudades esa tecnología ya ocupa las calles, desde el alumbrado hasta el sistema de transporte público.

La aplicación de tecnología LED, por ejemplo, no solo permite la programación automática del encendido y el apagado del alumbrado público, sino también la regulación de la iluminación en función de las necesidades reales de cada momento. Las paradas de autobús informan en tiempo real de la espera prevista hasta la llegada del próximo vehículo (el autobús es el objeto conectado, que está monitoreado por un sistema central). La sensorización de los contenedores de basura permite aumentar la eficiencia de las rutas de recogida porque informa cuando han alcanzado su máxima capacidad.

BIG DATA

La inmensa amalgama de objetos conectados a internet genera una cantidad de datos casi infinita, lo que se conoce como *big data*. La tecnología *big data* captura estos datos en tiempo real, los interpreta y ofrece información práctica al ciudadano, las empresas y los gestores municipales. En el entorno urbano, se aplica al tránsito, a la climatología o a cualquier otro servicio público. Un paso más allá es la creación de sistemas predictivos para adelantarse a cualquier incidencia y poder avisar a la ciudadanía.

La propia administración de la ciudad se sirve del *big data* para gestionar millones de informes, expedientes y solicitudes de información de todo tipo. Podemos hablar en consecuencia de e-administración, caracterizada por ofrecer servicios públicos a los ciudadanos a través de internet.

INTELIGENCIA ARTIFICIAL

La Comisión Europea aplica el concepto de inteligencia artificial (IA) a los sistemas capaces de analizar su entorno y actuar en consecuencia –con cierto grado de autonomía– con el fin de alcanzar unos objetivos específicos. El uso de la inteligencia artificial debe ser una de las grandes bazas de las ciudades inteligentes, aunque el ciudadano no sea consciente de ello. De hecho, en su ámbito cotidiano el ciudadano conectado ya está consumiendo inteligencia artificial en todo momento: el asistente de voz de su *smartphone*, los programas de análisis de imágenes, los motores de búsqueda, los sistemas de traducción o de reconocimiento facial y de voz, o el bloqueo del correo electrónico no solicitado (*spam*). La IA también está incorporada en dispositivos de hardware como robots avanzados, automóviles autónomos, drones o aplicaciones del Internet de las Cosas.

En el ecosistema de la *smart city*, la IA se emplea en los departamentos de recursos humanos y los sistemas de comunicación de las empresas, en el modelo educativo, en los sistemas de seguridad y en el desarrollo de la industria 4.0. No obstante, existen otros campos urbanos de implementación:

- Movilidad: la IA predecirá atascos en el tráfico y los datos en tiempo real contribuirán a prevenirlos proponiendo recorridos alternativos, que permitirán descongestionar las zonas más concurridas de la ciudad.
- Energía: las ciudades y los edificios son grandes consumidores de energía, por lo que gestionar de manera eficiente la producción energética es crucial para la sostenibilidad de las áreas urbanas. Mediante la IA, los responsables públicos pueden predecir cortes accidentales de suministro y prevenirlos, además de identificar patrones de consumo

adecuados e inadecuados. Para corregir un mal uso de la energía, la administración pública puede idear campañas de concienciación social.

El uso de la inteligencia artificial debe ser una de las grandes bazas de las ciudades inteligentes, aunque el ciudadano no sea consciente de ello.

- Seguridad: la capacidad de la IA para predecir situaciones de riesgo o de emergencia permitirá a las autoridades tomar con antelación las medidas oportunas.
- E-gobernanza: aplicar la IA en este ámbito implica aprender cómo los ciudadanos utilizan las ciudades, sus servicios e infraestructuras. A partir de la información extraída de este aprendizaje, las administraciones locales pueden adoptar las medidas necesarias en beneficio de los ciudadanos.

59

CLOUD Y *SMART CLOUD*: NUEVOS SISTEMAS EN LA NUBE

Lo que popularmente conocemos como la nube *(cloud)* se ha transformado en algo mucho más amplio y complejo que un simple servicio de almacenamiento de datos. Ahí tenemos el *smart cloud,* un ecosistema en internet que aúna IoT, *big data & analytics* y *cloud computing.*

El *smart cloud* implica el uso de tecnología y la generación de modelos de negocio basados en el almacenamiento de información, la comunicación entre ordenadores, la provisión de servicios *cloud* o el desarrollo de aplicaciones gracias al *cloud computing.* Por eso hablamos del *Cloud IoT.*

Para entender cómo funciona el *Cloud IoT* en una *smart city,* pongamos un ejemplo. Una cámara de tráfico, dotada de inteligencia por su conectividad con la nube, registra el volumen de automóviles y se comunica con otras cámaras, lo que permite coordinar los semáforos en función del tráfico, para distribuir la circulación y hacer que resulte más fluida. Esas cámaras también son capaces

El cloud computing se ha erigido como la nueva manera de ofrecer bajo demanda recursos y servicios hardware y software a los ciudadanos. Junto con Internet de la Cosas (IoT), estas prácticas inciden de manera decisiva en la forma en que se concretan, en la realidad, las smart cities.

Gracias a la recopilación de datos a través de dispositivos IoT es posible administrarlos, manejarlos y reutilizarlos automáticamente mediante servicios en la nube descentralizados.

Los diferentes tipos de servicios de cloud computing dependen del tipo de recursos entregados, entre ellos: Infraestructura como Servicio (IaaS); Plataforma como servicio (PaaS); Software como Servicio (SaaS); Red como Servicio (NaaS); Almacenamiento como Servicio (STaaS) y Sensor como Servicio (SSaas).

Vista nocturna de una calle que conduce al Palacio
Real en Oslo, la capital de Noruega. La gestión
online de la iluminación pública nocturna gracias a
los LEDs es una buena práctica en las *smart cities*.

de obtener datos y estadísticas sobre la circulación, los accidentes, las diversas incidencias viarias, etc., que gracias al *cloud* un gestor municipal podrá utilizar.

Pero eso no es todo. Oslo es una de las ciudades pioneras en poner en marcha un protocolo de buenas prácticas, como la iluminación pública inteligente (con sensores y tecnología LED) en función del volumen del tráfico y de la climatología. Los datos son recogidos por cámaras de tránsito inteligentes que interactúan con las farolas mediante el *cloud*. La capital noruega ha regulado la iluminación de las calles al 20% de su intensidad, que elevan al cien por cien solo cuando circulan coches y personas. El ahorro semanal acumulado es de 2.100 kWh.

Acabamos de ver cómo la nube se ha configurado y transformado en una plataforma de servicios IoT (*Cloud IoT*), yendo un paso más allá en el uso tradicional del *cloud* como un simple respaldo o *backup* de datos.

El amplio abanico de posibilidades que ofrece el *smart cloud* ha facilitado la creación de diversas tipologías de *cloud computing* en función de los servicios requeridos por la administración pública, las empresas y los ciudadanos: la nube híbrida (cuyo servicio es en parte privado, como por ejemplo la infraestructura, y en parte compartido, como por ejemplo las herramientas de desarrollo), la nube unificada o los servicios *cloud* IaaS (Infraestructura como servicio), PaaS (Plataforma como servicio), dBaaS (Bases de datos como servicio) y SaaS (Software como servicio).

La nube también ofrece otros servicios, como la ciberseguridad, clave para la transformación digital de las ciudades. En efecto, uno de los puntos débiles de las *smart cities* es la vulnerabilidad a los ataques de *hackers* y ciberdelincuentes, debido al sistema online compartido por los servicios públicos, la administración y los datos de usuarios y empresas para lograr una gestión eficaz en tiempo real.

Sin embargo, en la práctica una *smart city* también se beneficia de los servicios de *cloud computing* a través del *open data,* es decir, la publicación y el acceso a datos abiertos. Este hecho externaliza la innovación. Compartir este tipo de información motiva a los desarrolladores a diseñar sus propias *apps,* cuya información se puede incorporar a sistemas en provecho de otras personas. Se impulsa así el desarrollo de un ecosistema de *apps* que fomenta la innovación constante. No hay que olvidar que una ciudad es más inteligente si fomenta y facilita la colaboración, más allá de la simple recopilación de datos mediante sensores.

Las prestaciones de conectividad inalámbrica de los nuevo equipo de telecomunicación de la red de radio 5G (arriba) transformarán el sector tecnológico. Según Huawei, el Mate X (abajo) será el primer dispositivo que, soportará las redes definitivas del 5G.

TECNOLOGÍA MÓVIL Y 5G

En el 2020 se producirá la llegada de la ansiada tecnología 5G, llamada a revolucionar las telecomunicaciones. Las grandes expectativas tienen unos cimientos sólidos: la velocidad de transmisión de datos del 4G y 4G+ son de 200 y 1.200 Mbps respectivamente, mientras que la 5G garantiza una velocidad de 10.000 Mbps, es decir, 10 Gbps. En cuanto a la latencia (el tiempo de retraso entre los dispositivos y los servidores medida en milisegundos), las cifras también son demoledoras a favor de la 5G: 1-2 milisegundos frente a 100 y 20. Hay que añadir que la 5G permite la conexión de numerosos dispositivos a la vez (por ejemplo, *wearables*, coches autónomos y ordenadores) y, a escala masiva, las comunicaciones M2M (máquina a máquina). En el caso de los vehículos autónomos, la 5G garantiza su comunicación sin interrupciones con otros automóviles y con centros de datos y sensores externos. Además, las conexiones establecidas serán de consumo ultrabajo de energía.

65

3GPP, la organización internacional que rige los estándares de comunicación móvil, ya definió en 2018 el estándar y las especificaciones finales de la versión New Radio (NR) de la 5G, independiente y que no se apoya en las redes existentes. En el 2017 se aprobó el estándar de la 5G *non stand-alone*, la versión que se implantará sobre las redes 4G/LTE actuales. Así pues, por su carácter inalámbrico, la 5G también permitirá la construcción de infraestructuras de telecomunicaciones y el acceso a internet de altas prestaciones en zonas y regiones aisladas donde no existe en la actualidad. Después será el turno de las empresas, que deberán cumplir con la normativa oficial para la fabricación de hardware, infraestructura, chips, módems, *smartphones* y antenas que sean compatibles con la G5.

Gracias a la 5G, las *smart cities* y los *smart citizens* podrán resolver trámites y gestionar tareas y procesos cada vez más complejos y con mayor capacidad de transferencia y conectividad. En las

ciudades, la G5 favorecerá la implementación masiva de dispositivos de IoT y beneficiará a muchos servicios públicos, como la iluminación pública inteligente, el control y prevención de escapes en redes de tuberías y suministro de agua, el estacionamiento inteligente, los sensores de calidad de aire, el tráfico inteligente, la seguridad y vigilancia con coches y drones, así como el vídeo de banda ancha. La G5 facilitará la subida de grandes cantidades de datos a la nube. Por lo que se refiere al sector industrial, las empresas llevarán su transformación digital a una nueva fase caracterizada por el mantenimiento predictivo en sistemas, fábricas, cadenas de producción, etc.

En definitiva, la G5 será esencial para la futura transformación digital de las ciudades, pues revolucionará los servicios existentes y los modelos de negocio. De hecho, guiará el crecimiento económico mundial en 2020-2035. La edición del 2018 de la feria *Smart City* World Congress celebrada en Barcelona arrojó unas

10.000 Mbps de velocidad de transmisión, una latencia de
1 y 2 milisegundos y la conectividad de multidispositivos a
escala masiva del 5G multiplicarán las posibilidades
de aplicaciones tecnológicas.

previsiones alentadoras para la G5 en este periodo de 15 años:
el valor de la producción global de bienes industriales será de
123 trillones de dólares; la producción económica en la cadena
de valor de la G5, de 3,5 trillones de dólares, y creará 22 millones de puestos de trabajo.

Sin embargo, la G5 no implicará la desaparición de otras tecnologías de conectividad móvil. Todas ejercen su papel en una ciudad inteligente, como por ejemplo el acceso público a redes wifi,
las LPWA (Low Power Wide Area Network) y la LTE (Long-Term
Evolution). Son alternativas que permiten avanzar en la conectividad y en el Internet de las Cosas, a menor coste y con un gran
potencial para comunicar dispositivos.

67

SMART GRIDS

El grupo de trabajo de redes inteligentes *(smart grids)* de la
Comisión Europea define esta infraestructura innovadora y las
tecnologías que la hacen posible como redes de energía que pueden controlar automáticamente los flujos energéticos y ajustarse a
los cambios en el suministro y a la demanda. Cuando se combinan
con los sistemas de medición inteligente *(smart meters)*, las redes
inteligentes llegan a los consumidores y proveedores proporcio-
nando información sobre el consumo en tiempo real. En consecuencia, los consumidores pueden adaptar, en tiempo y volumen,
su uso de energía a lo largo del día para ahorrar dinero al consumir más energía en los periodos de precios más bajos.

El papel que ejercen las *smart grids* en las *smart cities* consiste
en integrar mejor las energías renovables en el sistema eléctrico.
¿Cómo? Si combinamos la información sobre la demanda de
energía con las previsiones meteorológicas, los operadores de la
red eléctrica podrán planificar mejor la irrupción de las energías

Una ciudad inteligente debe aspirar a generar la energía necesaria para abastecerse de fuentes renovables, como son la energía solar fotovoltaica, eólica, geotermia o aeromotriz.

renovables en la red y equilibrar el sistema energético. Las redes inteligentes también abren la posibilidad a que los consumidores que producen su propia energía vendan a la red la que les sobre, contribuyendo así al buen funcionamiento del sistema eléctrico.

El objetivo de la Unión Europea para el 2020 es sustituir al menos el 80% de los medidores de electricidad por contadores inteligentes allí donde resulte rentable. Según sus cálculos, los *smart meters* y el despliegue de las redes inteligentes reducirán un 9% las emisiones contaminantes en la UE y el coste del consumo energético anual en los hogares.

No obstante, los beneficios de las *smart grids* para las ciudades inteligentes no se limitan a estos aspectos: hacen posible la gestión de la energía de las ciudades con mayor precisión, monitorizan el estado de las infraestructuras, previenen fugas, permiten el mantenimiento predictivo, reducen las actuales pérdidas de transporte y conversión entre alta y baja tensión, y vuelven el sistema más resiliente a las fluctuaciones de la demanda. Cabe señalar que la demanda energética se multiplicará en las próximas décadas a raíz de la implementación de la red 5G y de los coches eléctricos y autónomos, solo por citar dos ejemplos.

Para finalizar, debemos hacer una puntualización sobre la generación distribuida de la energía. Hemos de tener presente que las redes energéticas centralizadas actuales fueron diseñadas a mediados del siglo pasado y están en funcionamiento desde entonces. En esa época los principales centros de producción estaban lejos de las poblaciones, de ahí la necesidad de rediseñarlas para convertirlas en redes más efectivas, seguras y robustas. Las redes inteligentes dan respuesta a estos requerimientos.

LAS CIUDADES INTELIGENTES DEL PRESENTE

Ejemplos reales de smart cities

Son casi innumerables los ejemplos de iniciativas inteligentes, con más o menos grado de desarrollo e implementación, en todo tipo de ciudades del planeta. Cada ciudad ha puesto el acento en una —o en diversas— variables de buenas prácticas de una smart city: energía, movilidad, gobernanza, economía, ecología, etc. Presentamos 4 casos: Tokio, Singapur, Toronto y Londres.

SMART CITIES
CON CAMINOS DIVERSOS

Nueva York, París, Hong Kong, Río de Janeiro, Barcelona, Sídney, Medellín, Oslo, Ciudad de Ho Chi Minh, Buenos Aires, Manila, Chicago, Ciudad de México, Auckland, Vancouver, Ningbó... La lista de ciudades que han aplicado estrategias smart en variables como la movilidad, la energía, el medio ambiente o la gobernanza es casi interminable. Por ejemplo, Moscú se ha volcado en la mejora del e-gobierno, Montreal ha priorizado la innovación y la creatividad, mientras que Ámsterdam ha puesto su objetivo en el ahorro de energía. Como no disponemos de espacio para hablar de todas ellas, nos detendremos en cuatro: Tokio, Singapur, Toronto y Londres. Estas metrópolis son un modelo de buenas prácticas al conjugar planificación, tecnologías y recolección de datos para digitalizar sus infraestructuras básicas y sistemas de información y gestión pública. En pocas palabras, son un ejemplo de cómo aplicar la inteligencia a las ciudades.

72

TOKIO: UNA *SMART CITY* FRENTE
A LOS DESASTRES NATURALES

Fukushima, 11 de marzo de 2011, 14.46 h: un terremoto de magnitud 9 en la escala de Richter azota el noreste de Japón. Al terremoto le sigue un tsunami que asola la central nuclear Fukushima Dai-ichi (4,7 GW de potencia). Las cifras son desoladoras: 18.500 muertos o desaparecidos, más de 120.000 personas sin hogar, y pesca, agricultura y ganadería afectadas por la radiación nuclear.

Ante esta catástrofe, sumada a otras experiencias similares sufridas por el país del sol naciente, no es de extrañar que su capital, Tokio, destaque en el mapa mundial de las *smart cities* por su plan estratégico en situaciones de emergencia. Además, es una de las concentraciones urbanas con mayor densidad poblacional y mayor índice de productividad laboral del planeta.

¿Cómo gestiona la ciudad japonesa desastres naturales como terremotos, inundaciones, tifones y huracanes? Cuenta con unos

La Tokyo Skytree, una nueva torre de transmisión de televisión y punto de referencia de Tokio (Japón) es un ejemplo paradigmático de la puesta en marcha de las telecomunicaciones al servicio del ciudadano.

74   planes de acción que involucran a autoridades, defensa civil, escuelas y otros agentes sociales. Además, disfruta de sistemas tecnológicos que se cuentan entre los más sofisticados del mundo: 4.000 puntos de control equipados con sismógrafos prevén cualquier movimiento sísmico y alertan rápidamente a la población. Una agencia específica gestiona los desastres naturales mediante sistemas de comunicación, control de tránsito y redes inteligentes de energía, gas y agua, así como búnkeres de supervivencia. Estos refugios están equipados con teléfonos inteligentes, bicicletas eléctricas y electricidad proveniente de energía solar. La Tokyo Skytree, la torre de radiodifusión digital más alta del mundo (634 m), garantiza la comunicación entre los agentes de protección ciudadana y los tokiotas para transmitir instrucciones. Para ello, la torre pone en contacto toda la red de servicios ininterrumpidamente, duplicando el alcance de la señal de DTV y extendiendo la señal digital a terminales móviles. Además, las cámaras de monitoreo de alta precisión detectan desastres naturales como incendios a 18 km de distancia y alerta automáticamente a las autoridades. Por otro lado, la organización de los Juegos Olímpicos y Paralímpicos de 2020 ha impulsado la aplicación de otros sistemas inteligentes. Es el caso de la iluminación LED,

Entre las múltiples iniciativas smart de Tokio se cuenta la implantación de soluciones tecnológicas para mejorar la movilidad ciudadana y de mercancías -y su gestión- en beneficio de sus habitantes.

garante de eficiencia energética, que se ha instalado en infraestructuras metropolitanas, al tiempo que se anima a los ciudadanos a cambiar las tradicionales bombillas incandescentes.

Tokio ha apostado por impulsar las TIC entre las empresas y el comercio a través del Internet de las Cosas, así como aquellas iniciativas empresariales cuyo *core business* sea la innovación, y espera convertir en internacionales los negocios locales de *startups* y pymes. Finalmente, la capital japonesa promueve el uso masivo de vehículos eléctricos y la integración del pago con dispositivos móviles. Ya en el 2017 logró el sexto puesto en la clasificación mundial *Smart Cities* Index de EasyPark.

75

SINGAPUR: RUMBO AL NUEVO PARADIGMA DE *SMART NATION*

Singapur es una de las ciudades que ha apostado con más firmeza y determinación por las soluciones inteligentes para mejorar la calidad de vida de sus habitantes. La incorporación de servicios TIC a multitud de sistemas e infraestructuras de la ciudad se remonta a dos décadas atrás. Hoy los habitantes, las empresas y la administración pública de Singapur conviven con naturalidad con la tecnología.

Tras una primera fase de intensa tecnificación, el bagaje y *know how* acumulado ha llevado a la ciudad a dar un paso más allá y luchar por ser la primera *smart nation* del mundo. Este es el objetivo del sexto programa gubernamental Smart Nation Singapore (2014), que sitúa al ciudadano en el centro de todo el desarrollo urbano. En este sentido, la sensorización de algunas áreas de Singapur ha permitido a los gestores municipales, por ejemplo, controlar el nivel de limpieza de una zona concreta o predecir el número de asistentes a un evento.

Edificio de oficinas en Marina Bay (Singapur) en el distrito de negocios. Según varios informes y estudios basados en la puntuación y evaluación de indicadores smart, Singapur es la ciudad más inteligente del mundo.

Año tras año, Singapur aparece en los primeros puestos de varios índices de valoración, estudios e informes mundiales sobre ciudades inteligentes. La edición 2018 del informe *SmartCitiesWorld* ya situaba a Singapur como la urbe más inteligente del mundo, y el de ABI Research le otorgaba las puntuaciones más altas en todas las variables de innovación, especialmente en movilidad y servicio de transporte. También en 2018 obtuvo el premio de Ciudad Inteligente concedido por el certamen *Smart City* World Congress de Barcelona. En 2016 ocupó el primer puesto en el Índice Global de Ciudades Inteligentes de Juniper Research, siendo reconocida como la metrópolis líder en la aplicación de políticas y tecnología de movilidad inteligente.

El plan estratégico *smart* de Singapur puede calificarse de holístico y transversal, porque abarca multitud de áreas de aplicación con un impacto real en la vida de las personas y en la gestión de la ciudad. Nos centraremos a continuación en tres ámbitos específicos: energía, agua y movilidad.

En el de la energía, el proyecto Singapore: Smart Grid City inició su andadura en el 2009 con la participación de entidades y empresas como Singapore Energy Market Authority, IBM, Accenture, Logica y Siemens. Desde entonces, la creación de un sistema energético ha supuesto la instalación de miles de contadores inteligentes *(smart meters)* en edificios residenciales, comerciales e industriales con el objetivo de analizar y evaluar nuevas aplicaciones y tecnologías en torno a las redes inteligentes *(smart grids)*. Los *smart meters*, que han permitido realizar medidas de consumo en tiempo real con una tecnología avanzada, fueron implantados paralelamente a la ampliación de una red de comunicaciones de fibra óptica. El proyecto también incluyó el desarrollo de aplicaciones nuevas en la red y la adecuación de infraestructuras de comunicaciones. El resultado no podía ser más esperanzador: mediante sistemas avanzados de SCADA (Control de Supervisión y Adquisición de Datos) –que detectan de forma automática las interrupciones de suministro eléctrico en la transmisión y el nivel de distribución cuando se producen– y la circulación bidireccional de información en la red de suministro eléctrico, las autoridades e ingenieros han logrado reducir el consumo total de electricidad una media del 2,4% y del 3,9%

Vista del conjunto de árboles artificiales situados a orillas del estanque del Jardín de la Bahía, en Singapur. El abastecimiento de agua potable es uno de los objetivos primordiales de muchas ciudades.

durante el pico de carga. Un ejemplo de sostenibilidad y eficiencia. Asimismo, el proyecto IES en la pequeña isla de Pulau Ubin ha integrado un gran número de fuentes de energía, sistemas fotovoltaicos y pequeñas plantas de cogeneración. De esta manera se han eliminado los antiguos generadores diésel.

En relación con el agua, el abastecimiento de un país de casi 6 millones de habitantes (cuya previsión de crecimiento demográfico es de 6,9 millones en 2030) formado por 64 islas e islotes situados entre Malasia e Indonesia no es tarea fácil. En 2061 expirará el contrato que garantiza el suministro de agua a Singapur proveniente de Malasia. Para lograr su independencia hídrica, las autoridades singapurenses diseñaron un plan basado en el abastecimiento de agua proveniente de cuencas locales, desalinizada y reciclada. Los esfuerzos se han concentrado en la desalinización del agua de mar, pero tras la puesta en marcha de varias plantas desalinizadoras, el reciclaje de aguas residuales a gran escala se ha manifestado como una solución más económica. En la actualidad, Singapur regula específicamente cada tipo de agua residual, ya provenga de servicios sanitarios o de drenajes. Además, se ha empezado a combatir el desperdicio y la pérdida de agua recurriendo a la tecnología. Por ejemplo, Singapur ha reducido significativamente las fugas en la red de distribución de agua gracias a 130 sensores de presión y calidad diseminados por las tuberías. Los sensores electrónicos hacen lecturas cada milisegundo y generan muestras mucho más rápidas que antes. De modo que cuando hay una fuga, una alerta llega de inmediato al servidor central a través de una red wifi, que identifica su ubicación exacta mediante la geolocalización facilitada por los sensores. La monitorización de la red también garantiza a los consumidores que el agua que llega a sus hogares es segura y apta para el consumo humano. Las calles no han escapado a la gestión eficiente del agua de la ciudad: una red de 500 sensores monitorizan variables como el consumo

y los escapes. Singapur incluso dispone de un sistema que detecta a las personas que están ahogándose en una piscina y avisa automáticamente a los socorristas.

El tercer plato fuerte del plan estratégico de Singapur es la movilidad. Su red de transporte público es una de las más eficientes y utilizadas del mundo: en un día laborable, sus autobuses pueden llegar a dar servicio a casi 3 millones de personas y sus trenes a más de 1,5 millones. Teniendo en cuenta estas cifras, la máxima prioridad es la eficiencia en la circulación de los medios de transporte. En el caso del autobús, la frecuencia de paso varía en función de los datos procesados en tiempo real, que ofrecen información sobre aquellas rutas que requieren un refuerzo. Por otro lado, IBM ha participado en la creación de un sistema de pago simplificado y ágil para los ciudadanos, que además disponen de diferentes tarjetas de viaje de acuerdo con sus necesidades. Este sistema ha mejorado el transporte público y ha reducido en un 80% las pérdidas de ingresos. Además, Singapur ya está ensayando una tecnología de cobro electrónico del transporte público mediante un billete similar al utilizado en las autopistas, para que

Con una extensión de 101 ha, el Jardín de la Bahía de Singapur está integrado por tres jardines: el de la Bahía Este, el de la Bahía Sur (donde se encuentran los árboles artificiales y dos invernaderos) y el Jardín Central. Diseñado por Wilkinson Eyre Architects, se ha convertido en el pulmón de Singapur y en un paradigma de la arquitectura sostenible. En efecto, el complejo botánico aúna naturaleza (con una colección de más de 250.000 especies de plantas exóticas de todo el mundo) y una tecnología inteligente, que permite mantener refrigerados los invernaderos mediante novedosos sistemas de entrada y salida de aire y de riego. Una de sus principales atracciones es la catarata de interior más alta del mundo, situada en Bosque de las Nubes (en la imagen).

Una *smart city* debe garantizar y facilitar el desarrollo económico de sus empresas e industrias. Singapur (en la imagen su centro económico que alberga los mayores bancos y aseguradoras del mundo) lo está llevando a cabo.

el usuario no tenga que pasar por taquilla ni detenerse, ahorrándose así molestas colas: es el propio sistema el que carga los pagos del viajero a una cuenta predefinida.

Pero eso no es todo. La urbe asiática disfruta de la plataforma Virtual Singapore, capaz de predecir tanto la propagación de enfermedades infecciosas como posibles explosiones; de un código QR único que permite el pago de tasas y facturas de suministros; del pase SingPass Mobile, para realizar los trámites administrativos de la ciudad; de monitores de estacionamiento; de sistemas de iluminación eficiente y de eliminación de desechos; de sensores desplegados voluntariamente en residencias para la tercera edad que alertan a las familias si sus parientes llevan demasiado tiempo sin moverse; de una estrategia de seguridad cibernética que establece los objetivos y las prioridades del país para emprender acciones coordinadas y facilitar las asociaciones internacionales con el fin de obtener un paisaje cibernético resistente y confiable... Por si fuera poco, el Banco Mundial la considera la mejor ciudad para hacer negocios y la más adecuada para el crecimiento de las empresas, lo que refuerza su posición de liderazgo y referencia mundial como *smart city*.

Una de las claves del éxito de la estrategia digital de Singapur es la creación de servicios y soluciones preventivos en lugar de reactivos, así como la preparación de sus habitantes para el envejecimiento activo introduciendo a los ancianos en la tecnología digital. La educación y la capacitación en habilidades tecnológicas en edades tempranas también forma parte de su agenda. Además, Singapur ha tejido una sólida comunidad de aceleradores para apoyar a las empresas locales jóvenes, incluso si deciden internacionalizarse.

La iniciativa *smart city* impulsada por la ciudad canadiense de Toronto es un ejemplo de participación ciudadana en un proyecto nuevo, concebido desde cero.

TORONTO: LA CREACIÓN DE UN DISTRITO *SMART* DESDE CERO

Toronto tiene entre manos un proyecto muy estimulante para los gestores municipales: convertir el distrito de Sidewalk Toronto en un centro de innovación urbana de referencia internacional, exportable a cualquier otra ciudad del mundo. El punto de partida es la costa este de Toronto. A orillas del lago Ontario, la metrópolis acumula 800 hectáreas de terreno subdesarrollado e infrautilizado que, tanto urbanística como socialmente, no está integrado con el resto de la ciudad. Además, esta zona urbana ejerce de frontera y protección contra posibles inundaciones. En 2017 la empresa pública Waterfront Toronto, encargada de su revitalización, suscribió un acuerdo con Sidewalk Labs, propiedad de la compañía Alphabet Inc. (conglomerado de empresas propietarias de Google y YouTube) para construir un distrito inteligente en 325 hectáreas.

Por lo tanto, estamos ante un acuerdo de colaboración público-privada según el cual Waterfront Toronto, como agencia trigubernamental, trabaja codo con codo con Sidewalk Labs, proveedora de innovación urbana y tecnología digital. La inversión económica también es conjunta: Waterfront Toronto aportará 1.250 millones de dólares de financiación pública, mientras que Sidewalk Labs invertirá 50 millones.

Sin embargo, no son las únicas entidades que colaboran en Sidewalk Toronto. Desde que se hizo pública la puesta en marcha del megaproyecto, los futuros vecinos han participado activamente en asambleas consultivas y reuniones con los consejos asesores y paneles de expertos, formados por urbanistas, tecnólogos, expertos en estrategia digital, etc., a los que han trasladado sus necesidades e inquietudes. De hecho, el consenso y la legitimización ciudadana es una de las razones de ser de Sidewalk Toronto, hasta el punto de que los ciudadanos han decidido que solo una vez que haya terminado el proceso consultivo se podrá proceder a la creación del borrador del plan, que también deberá estar abierto a consulta. Asimismo, el plan definitivo debe reconocer que los derechos digitales de las personas forman parte de los derechos humanos universales. Los objetivos definidos y compartidos por los agentes implicados son: el uso sostenible de energía (de fuentes renovables y sistemas de reutilización de agua), la construcción de vivienda accesible para todos los estratos sociales y respetuosa con el medio ambiente, y el acceso al transporte intermodal sostenible y asequible. Así, se prevé disminuir un 67% las emisiones de gases de efecto invernadero y un 14% el coste de la vida, y aumentar un 30% las áreas verdes. Desde el punto de vista de la movilidad, el objetivo es reducir una hora el tiempo invertido en los desplazamientos.

Además, en el distrito inteligente Sidewalk Toronto se fomentará el desarrollo económico y la creación de empleo. Por lo tanto, la finalidad es crear una comunidad nueva de usos mixtos en la que la tecnología genere vecindarios centrados en las personas con espacios de interacción social. Otro elemento básico ratificado en el acuerdo público-privado es el establecimiento de principios de gobernanza digital que garanticen la privacidad personal, la soberanía y la seguridad de los datos. El fin último es proteger el interés público.

87

Sidewalk Toronto está en fase de elaboración, por lo que todavía se desconoce la proyección urbanística definitiva. Sin embargo, lo que sí ha trascendido es que contará con sistemas de bloqueo del viento y la lluvia y toldos extensibles para derretir la nieve en los espacios públicos. El objetivo es que las calles estén disponibles para su disfrute al aire libre el máximo tiempo posible. Por si fuera poco, serán dinámicas: la empresa CRA (Carlo Ratti Associati) está trabajando junto a Alphabet Inc. en el prototipo de un sistema de pavimentación modular hexagonal reconfigurable llamado Dynamic Street, capaz de adaptar el uso de una calle a las diferentes necesidades que surjan a lo largo del día, de la hora e incluso de la climatología. Cada pavimento puede albergar un elemento *plug and play*, esto es, estructuras verticales como bolardos, postes o canastas de baloncesto. La idea es que la calle como espacio público vuelva a ser de los peatones, los ciclistas y las ferias.

El distrito Sidewalk Toronto nació con la vocación de convertirse en un referente internacional en la gestión y aplicación de soluciones smart.

Las calles de Sidewalk contarán con un pavimento modular hexagonal reconfigurable, llamado Dynamic Street, que permitirá de adaptar la calle a diferentes usos. Cada adoquín puede albergar diferentes elementos, como postes, canastas de baloncesto o micrófonos.

88

Hay que añadir que Dynamic Street pondrá las bases para la futura puesta en circulación de vehículos autónomos. El precedente en el que se ha inspirado es el proyecto piloto sobre pavimentación urbana desmontable implementado en la ciudad francesa de Nantes por el grupo de investigación IFSTTAR.

LONDRES: MEJORA DE LA MOVILIDAD Y DE LOS ÍNDICES DE CONTAMINACIÓN

Londres es la ciudad más poblada del Reino Unido (9 millones de habitantes) y la mayor área urbana del país. Los pronósticos calculan que la población de la capital británica aumentará en un millón la próxima década y que en 2030 superará holgadamente los 10 millones de personas. No obstante, si sumamos su área metropolitana, la llamada Greater London, se acerca ya a los 20 millones.

En la actualidad, Londres se encuentra en plena fase de elaboración del segundo plan *smart city*, dado que el primero ha concluido tras cinco años de vigencia y aplicación. La segunda estrategia londinense se centrará en el uso y la gestión de la calidad de los datos para mejorar la innovación en la ciudad. En cambio, el primer Smart London Plan consistió en la implementación de sistemas tecnológicos para dar respuesta a problemas básicos como la movilidad y la congestión del tráfico, el transporte público – Londres cuenta con una red de metro muy anticuada– y las emisiones contaminantes. Si se cumplen las previsiones demográficas, estos retos serán todavía mayores en un futuro próximo.

Conscientes de esta situación, los miembros del Consejo de Estrategia Tecnológica de Ciudades (órgano inglés que impulsa las *smart cities*) decidieron en 2013 invertir en Londres 150 millones de libras para crear un centro de excelencia desde el que potenciar las TIC en áreas como la salud, el transporte, la energía, la seguridad pública y la colaboración público-privada. Para combatir dos de las grandes problemáticas de la ciudad, la movilidad y el transporte y las emisiones contaminantes, se diseñaron una serie de medidas estratégicas.

Por lo que respecta a la movilidad, Londres empezó a aplicar un plan integral de transformación total de la red de transportes que culminará en el 2021. Paralelamente, se han instalado multitud de sensores para captar y procesar datos referentes a la movilidad de las personas, que son recogidos por la plataforma de datos abiertos London Datastore. En este centro público, los desarrolladores y programadores tecnológicos crean aplicaciones, entre otras soluciones, para mejorar la movilidad. La ciudad acumula

Con 180 metros de altura y 40 plantas, el edificio Gherkin, diseñado por Norman Foster y ubicado en el corazón financiero de Londres, es un modelo de ahorro energético en gran medida a su estructura de rejilla en diagonal.

700 conjuntos de datos abiertos, 80 de los cuales se refieren a fuentes de información sobre el transporte, y una comunidad de más de 13.000 desarrolladores. En total, London Datastore está siendo utilizada mensualmente por más de 50.000 ciudadanos, compañías, investigadores y desarrolladores.

Una de las acciones ha sido la creación de semáforos inteligentes. A lo largo de varios años, y gracias a la monitorización de 1.200 semáforos, la agencia Transport for London ha ido acumulando información que se utilizará para instalar 200 semáforos inteligentes que siempre darán preferencia de paso al peatón frente al vehículo. Los semáforos tendrán la capacidad de calcular cuánta gente hay parada en la acera frente a un paso de cebra y, según la cantidad, agilizará el cambio al color verde para reducir al máximo el tiempo de espera de los peatones. También tendrá en cuenta otros parámetros, como la proximidad o lejanía de los coches.

Por otro lado, la ciudad ya ha puesto en marcha tres medidas importantes: la creación de las Heathrow Pods, unas cápsulas de transporte de personas que interconecta las diferentes terminales y estacionamientos de uno de los aeropuertos más grandes y transitados del mundo, Heathrow; la instauración de un sistema público eléctrico para compartir bicicletas, y la monitorización de más de 300 espacios de estacionamiento para entender su uso práctico e incrementar su eficiencia.

Por lo que respecta a la reducción de las emisiones contaminantes, se están estudiando sistemas de aprovechamiento del río Támesis como fuente de energía renovable destinada a la calefacción de los hogares. También se trabaja en la instalación de paneles solares fotovoltaicos en las viviendas, así como en la digitalización de la red eléctrica para convertirla en una auténtica *smart grid*. Con la combinación de estas medidas, que forman parte del proyecto Sharing Cities (el programa europeo, creado por Londres, para mejorar la calidad de vida mediante la innovación tecnológica), las autoridades

El Aeropuerto de Heathrow (Londres) ha incorporado una cápsula eléctrica sin conductor que comunica la terminal con el parking. Con este vehículo no contaminante facilita la movilidad dentro del recinto del aeropuerto.

londinenses esperan gestionar con mayor eficacia estas infraestructuras básicas para la ciudad y, al mismo tiempo, reducir significativamente las emisiones de carbono y los costos de los servicios públicos.

La capital británica fue considerada en el 2015 la ciudad más inteligente del mundo según el Índice IESE Cities in Motion (ICIM), puesto del que fue desbancada en 2018 por Nueva York. Cabe destacar que Londres alberga uno de los edificios inteligentes más avanzados del planeta, el Cristal Palace. Construido por la multinacional Siemens, suma miles de sensores para distintos servicios que promueven la eficiencia.

93

CIUDADES INTELIGENTES, UNA PÁGINA POR ESCRIBIR

El futuro ya está aquí

Masdar City (Abu Dabi), Querétaro (México) y Tianjin Binhai (China) protagonizan proyectos que ya están en marcha y que pueden dibujar, de una manera u otra, el futuro de las smart cities. Son proyectos globales cuyo eje principal es el medio ambiente, la sostenibilidad, la conectividad, la movilidad y el abastecimiento de agua.

PROYECTOS DE CIUDADES DEL FUTURO

Según un informe de la Organización Mundial de la Salud (OMS), en 2012 unos 7 millones de personas murieron como consecuencia de la exposición a la contaminación atmosférica. De ahí que para ciudades como Masdar City en Abu Dabi (Emiratos Árabes Unidos), Querétaro en México y Tianjin en China, la sostenibilidad medioambiental sea un elemento clave. Las propuestas árabe y china tienen como objetivo una eco-ciudad total. La mexicana se decanta por la movilidad, la conectividad y el abastecimiento de agua. En cualquier caso, las tres estrategias nacen con el propósito de convertirse en modelo y referencia para el resto de grandes ciudades del mundo.

MASDAR CITY: UNA CIUDAD EN EL DESIERTO

Desde que en 2006 dio a conocer su proyecto, Masdar City se promociona internacionalmente como la primera ciudad del mundo energéticamente autosuficiente y con baja presencia de carbono. El reto que se ha propuesto es fascinante desde el punto de vista urbanístico, arquitectónico y de ingeniería: Masdar (cuyo significado en árabe es «fuente» u «origen») ocupará una superficie bruta de 4 millones de m² en pleno desierto de Abu Dabi (golfo Pérsico), a escasos kilómetros del aeropuerto internacional y con acceso viario a las localidades próximas. Para que resulte habitable, deberá tener una temperatura ambiente constante 20 grados inferior a la del entorno. ¿Cómo pretende conseguirlo? Diseñando una ciudad bajo criterios bioclimáticos, que recurra exclusivamente a fuentes de energía renovables para no emitir gases contaminantes, generar pocos residuos y consumir la mínima cantidad de agua posible. Esta urbe del futuro, que combinará usos mixtos como vivienda, trabajo y entretenimiento, está planteada como un modelo de ciudad sostenible experimental y un banco de pruebas en tiempo real. La finalidad es monitorear y estudiar el modo en que las ciudades usan, conservan y comparten recursos. El Instituto Masdar de

Ciencia y Tecnología y el Instituto de Tecnología de Massachusetts (MIT) investigarán y desarrollarán nuevas fuentes de energía renovable que serán aplicadas y utilizadas a lo largo de su construcción.

El padre de este megaproyecto es el famoso y reconocido estudio de arquitectura inglés Foster + Partners y la Abu Dabi Future Energy Company. Además, cuenta con la financiación del Fondo Mundial para la Naturaleza (WWF) y los Emiratos Árabes Unidos. La aspiración de esta futura *smart city* es convertirse en la sede de la investigación y de las empresas dedicadas a la energía limpia. La Agencia Internacional de Energías Renovables (IRENA) e importantes multinacionales como Siemens, Schneider Electric, General Electric, Etihad Airways y Mitsubishi Heavy Industries han prestado su apoyo al proyecto estableciendo una sede en Masdar City.

¿CÓMO CONVERTIRSE EN LA PRIMERA *SMART CITY* ENERGÉTICAMENTE AUTOSUFICIENTE DEL MUNDO?

La respuesta a esta pregunta se sustenta en las siguientes seis características principales:

1. *Planeamiento urbano bioclimático.* Se tratará de una ciudad compacta, de 47.500 habitantes y formada por calles relativamente estrechas, de 10,50 m de ancho las principales y 8,50 m las demás, con la idea de aprovechar lo máximo posible la sombra de los edificios. Tanto las calles como los espacios públicos estarán orientados estratégicamente en diagonal para aprovechar las frescas brisas marinas nocturnas, que también serán captadas por una chimenea urbana o torre encargada de canalizar todo el aire (enfriado además con rociadores de agua) hacia el suelo para refrescarlo. Una vía arbolada central intercalará parques y plazas públicas, además de otros espacios protegidos de la luz solar directa. Finalmente, la ciudad rodeará su perímetro por un anillo de vegetación para filtrar los vientos del desierto.
2. *Energía obtenida únicamente de fuentes renovables.* Masdar City está rodeada de grandes espacios de captación de energía solar compuestos por paneles fotovoltaicos con capacidad para generar 10 MW. En la fase actual del proyecto, las áreas

Detalle de la fachada del Instituto Masdar de Ciencia y Tecnología, Abu Dabi (Emiratos Árabes Unidos). Las soluciones tecnológicas implantadas relativas a la eficiencia energética pueden convertirlo en un referente mundial.

fotovoltaicas son las encargadas de suministrar la energía necesaria para construir la ciudad. Una vez terminada, generarán la energía necesaria para toda la metrópolis. Los paneles de la cubierta del Instituto Masdar proporcionan a la red pública de energía 1 MW adicional. En total, se producirán aproximadamente 19.100 MWh de electricidad al año, una energía que alimentará 500 viviendas en los Emiratos Árabes Unidos y que evitará la emisión anual a la atmósfera de 11.450 toneladas de carbono. La energía fotovoltaica también tendrá un papel preponderante en las cubiertas de los edificios, donde se instalarán placas solares monocristalinas de capa fina. Otras fuentes energéticas renovables previstas son: energía solar de concentración mediante paneles cilindro-parabólicos; colectores de tubos evacuados (ETC) en los edificios para la producción de agua caliente sanitaria (ACS); geotermia de pozos de profundidad para ACS y refrigeración.

3. *Arquitectura sostenible.* Los edificios se construirán según criterios de diseño pasivo, con cemento bajo en carbono, aluminio reciclado y madera de origen sostenible. Estos factores, junto a su orientación, los paneles fotovoltaicos de sus cubiertas y la vegetación, entre otros elementos de protección solar, reducirán en un 40% la demanda de energía y agua respecto a los edificios tradicionales de la zona. Asimismo, chimeneas de viento dirigirán el aire fresco nocturno al interior de los edificios y evacuarán el aire caliente diurno. No en vano, los edificios deben cumplir con una certificación mínima de tres perlas según el sistema de certificación Estidama Pearl, equivalente al nivel oro del sistema norteamericano LEED.

4. *Movilidad.* Masdar City se ha propuesto ser la primera ciudad del mundo por la que no circularán coches

Una ciudad, como Masdar, proyectada para ser la primera totalmente
sostenible en el mundo debe contar, evidentemente, con una movilidad
sostenible, incluyendo el servicio público de bicicletas.

impulsados por energías fósiles y contaminantes. Para ello,
contempla medidas que fomenten el uso de la bicicleta y los
desplazamientos a pie, además de tres sistemas de transporte:
rápido personal (PRT), por raíl ligero (LRT) y de carga rápida
(FRT). El primero, que consiste en unas cabinas eléctricas
sobre raíles con una capacidad de 6 pasajeros, realiza el
servicio de taxi sin conductor permanente las 24 horas del día
todo el año. Alimentadas por células fotovoltaicas, recorren
la ciudad en solo 7 minutos y sumarán 85 estaciones. Por
su parte, el LRT, con 6 estaciones, atravesará la ciudad y la
conectará con el aeropuerto y la isla de Abu Dabi. Por último,
el FRT, eléctrico y automatizado, está pensado únicamente
para el transporte de alimentos y mercancías. El uso de estos
sistemas se programará atendiendo a la demanda para una
mayor eficiencia y para lograr las «cero emisiones» de carbono
perseguidas. No hay que olvidar que el plan maestro propone
una mezcla de usos urbanos y prevé que ningún habitante
se encuentre a más de 200 m de los servicios más básicos,
incluidas las tiendas, que venderán productos cultivados
localmente. Todo ello reducirá el número de desplazamientos,
que además serán más cortos, por lo que el gasto energético y
las emisiones disminuirán drásticamente.

5. *Residuos.* Se aplicarán estrategias de reducción, reutilización
   y reciclado con el fin de no generar residuos. Los desechos
   biodegradables serán compostados para emplearlos como
   fertilizantes, mientras que materiales como el acero, los
   metales y el hormigón serán reciclados. La madera se podrá
   reutilizar o servir como combustible.

6. *Agua.* Se prevé reducir en al menos un 50% el consumo
   de agua por habitante (respecto al consumo de 2006 en
   los Emiratos Árabes) y que el 100% del agua residual sea
   reutilizada. Para ello se utilizarán plantas desalinizadoras,

se reciclarán las aguas grises y negras, se captará el agua de
lluvia y de rocío, y se crearán invernaderos de agua marina
(una tecnología que permite cultivar plantas en zonas áridas
usando agua salada para el riego y enfriando el aire).

101

Tras haber pospuesto su inauguración oficial prevista para 2016
hasta como mínimo el 2030, el proyecto de Masdar corre el peli-
gro de no concretarse. Varios condicionantes, como la crisis económica y financiera sufrida por muchos países, han afectado el
ritmo de las obras. De hecho, en 2013 las autoridades decidieron
abrir al público una cuarta parte de la ciudad con el objetivo de
atraer a los turistas y a los primeros habitantes de la ciudad, lo
que debería contribuir al despegue de la economía del lugar y a
la financiación del proyecto.

Una de las principales críticas que ha recibido Masdar City es
la idea de crear una ciudad de la nada, sin una sociedad ni unas
necesidades tangibles que la requieran. Actualmente apenas está
habitada por varios miles de estudiantes e investigadores, y en
los locales comerciales abundan carteles anunciando una próxima
apertura que no acaba de llegar. Esperemos que Masdar City no se
quede en un sueño incumplido.

QUERÉTARO: UNA APUESTA POR LA CONECTIVIDAD

El estado mexicano de Querétaro, localizado a 200 km al norte de Ciudad de México, se abastece del agua del río Querétaro y atesora una gran actividad económica basada en la industria metalmecánica, química, papelera y automovilística, en la ganadería y en la producción de vinos y alimentos. Su PIB es el tercero más alto del país y la renta per cápita de la ciudad de Querétaro es la segunda más elevada de Latinoamérica. Su red de autopistas es la mejor de México. Su privilegiada ubicación geográfica, sumada a un crecimiento económico sostenido en las últimas décadas, la ha convertido en un polo de atracción para la inversión empresarial. En consecuencia, ha experimentado un notable aumento poblacional y una mayor demanda de servicios, lo que se ha traducido en un incremento del consumo de recursos naturales y en mayores pro-

blemas de movilidad y seguridad. Ante esta situación, en el 2014 el gobierno estatal y el Clúster de las Tecnologías de Información y Comunicaciones del Estado de Querétaro (InteQSoft) presentaron el proyecto de la primera *smart city* de México: IQ *Smart City* Ciudad Maderas. Su planificación parte de seis áreas principales: calidad de vida, economía, gobernanza, movilidad, medio ambiente y capital humano. Querétaro quiere ser reconocida internacionalmente en 2030 por la aplicación modélica de la movilidad eficiente y la competitividad sostenible.

Esta ciudad inteligente mexicana ocupará 400 hectáreas en el municipio de El Marqués, situado en el interior del corredor industrial queretano y frente al parque industrial Bernardo Quintana. El eje principal que vertebrará este entorno urbano como una *smart city* es la conectividad a través de internet y los dispositivos móviles. Para ello, contará con 120 km de fibra óptica y sus habitantes dispondrán en su teléfono inteligente de información actualizada sobre el transporte, la recolección de basura (unos sensores avisarán cuando los contenedores estén llenos para mejorar las rutas de recogida), la electricidad y el gas. Además, las viviendas dispondrán de sensores para determinar la humedad y la temperatura y para alertar sobre posibles intrusos.

En un espacio impulsado por energías renovables, Ciudad Maderas aglutinará 30.000 viviendas, el Villa Misión Hotel, el campus de la Universidad Contemporánea (UCO), el Hospital México-Americano, escuelas, centros comerciales, un área ecológica y el edificio de desarrollo tecnológico Vórtice iTech Park, cuya superficie será de 15 hectáreas. Las energías eólica y fotovoltaica alimentarán el alumbrado público y los sistemas de iluminación no sensible *(smart lighting)*. La implementación de una *smart grid* permitirá acumular en baterías la energía generada de la manera más barata posible y utilizarla cuando sea más cara. Hasta que estén listas las baterías de acumulación, iURBAN realiza simulacros para entender cómo puede restablecerse el acceso a la energía. Además, los flujos eléctricos circularán en ambas direcciones, tanto en consumo como en producción. La información monitoreada registrará la eficiencia de la distribución de energía térmica (red de enfriamiento), electricidad y agua (planta CHP, Combined Heat and Power) antes y después de la optimización.

103

Ciudad Maderas también contará con un sistema *smart water*, es decir, tecnologías que recogen el agua de lluvia y reciclan aguas grises para utilizarlas en los sistemas de riego de jardines públicos, no para el consumo humano. La Universidad Mondragón y el clúster InteQSoft ya se han instalado en Ciudad Maderas y disponen de plantas tratadoras y de captación de agua.

En cuanto a la *smart mobility*, las iniciativas tienen el objetivo de potenciar el uso compartido de vehículos gracias a un registro electrónico de zonas, horarios y rutas. Asimismo, se fomentará el uso de bicicletas en espacios exclusivo para ciclistas. Finalmente, unos algoritmos ayudarán a predecir y analizar la movilidad en la ciudad. Se impulsará el uso del transporte público mediante el plan estratégico Qrobús, que prevé estaciones con rampas y líneas podotáctiles para garantizar la accesibilidad universal, cajeros para adquirir o recargar tarjetas de prepago y billetes de viaje único, torniquetes con lector de tarjeta, pantallas con información constante de los tiempos de llegada del Qrobús, sensores de proximidad para sincronizar con los vehículos la apertura y cierre de puertas de la estación, videovigilancia, circuito cerrado e internet público, entre otras soluciones tecnológicas inteligentes.

La conectividad será uno de los elementos que más se potenciarán en la ciudad mexicana de Querétaro. 120 km de fibra óptica y acceso a internet permitirán la gestión de las viviendas.

Merece una mención especial el complejo de *smart buildings* Vórtice iTech Park, sede de 70 empresas dedicadas a las tecnologías de la información que desarrollan proyectos para ser consumidos en la propia ciudad: enlace de datos, microonda digital, fibra óptica, altas prestaciones en servidores y sistemas de telecomunicaciones y de seguridad. El edificio 1 albergará 40 empresas del sector de las TIC, dispondrá de incubadoras de *startups*, áreas para la organización de congresos tecnológicos, oficinas, espacios de innovación multisectorial y laboratorios. El edificio 2 acogerá 30 empresas dedicadas a desenvolver proyectos de colaboración público-privada.

Otro de los atractivos de Querétaro es la ubicación de tres *living labs* (laboratorios vivientes) centrados en la investigación y el desarrollo de proyectos de innovación tecnológica en distintos campos, como urbanización de fraccionamientos para México y Latinoamérica, elaboración de un proyecto de turismo inteligente en el municipio de Querétaro o el fomento del uso de las TIC en los negocios ubicados en la Avenida Tecnológico de la capital. Querétaro ha iniciado su andadura como *smart city* con un propósito ambicioso: convertirse en el Silicon Valley mexicano y atraer a corporaciones mundiales como Google. Con la cuádruple hélice integradora de su e-gobernanza (gobierno, universidades, sociedad y empresas), tiene ante sí una gran oportunidad para hacer posible un desarrollo más sostenible, formar un capital humano y mejorar la calidad de vida de las próximas generaciones.

TIANJIN BINHAI, UNA ECO-CIUDAD EN BÚSCA DE LA ARMONÍA

A 40 km del centro de la ciudad china de Tianjin se está materializando uno de los proyectos más tangibles de *smart city*: la Nueva Área de Binhai, un distrito de 2.270 km^2 que, según el

El Centro de Congresos en Querétaro y Teatro Metropolitano es uno de los edificios más emblemáticos de esta ciudad mexicana. El Gran Salón Querétaro cuenta con un aforo para 5.000 personas.

acuerdo firmado en 2007 por sus impulsores (los gobiernos de China y Singapur), se convertirá en una ciudad ecológica, socialmente armoniosa, respetuosa con el medio ambiente y eficiente en el uso de los recursos. Este modelo de desarrollo sostenible fue concebido para ser replicable (aplicable a otras ciudades), escalable (adaptable a otro proyecto de una escala diferente) y practicable (las tecnologías adoptadas son asequibles y comercialmente viables).

Se eligió Tianjin porque cumplía una serie de condiciones, entre ellas disponer de tierras no arables y sufrir escasez de agua. También se tuvo en cuenta el desarrollo de las infraestructuras circundantes, la accesibilidad y la viabilidad comercial. A día de hoy, Tianjin Binhai es una de las regiones de China que crece más rápido, tras los deltas de los ríos de las Perlas y Yangtsé. ¿Sobre qué pilares se sustenta esta eco-ciudad? Básicamente sobre tres:

1. Uso planificado del suelo. Con el objetivo de potenciar los desplazamientos interiores, cada distrito cuenta con sus propios servicios y centros de trabajo. Además, las instalaciones locales y centralizadas cubren todas las necesidades de los habitantes. Los parques empresariales se han construido cerca de los núcleos de viviendas para conciliar la vida laboral y familiar.
2. Planificación eficiente y sostenible del transporte. Se facilita el acceso al transporte público y a medios no motorizados (bicicletas y recorridos a pie). Los vehículos privados circulan separados físicamente de los medios de transporte público, que siempre tienen prioridad.
3. Vías verdes y azules. Grandes redes verdes (vegetación) y azules (agua) proporcionan un entorno limpio y agradable. La red verde tiene como punto neurálgico un parque principal situado en el centro, del que parten corredores ecológicos hacia los extremos de la urbe. Los canales de agua se unen entre sí para impulsar el desarrollo del litoral y fomentar la práctica de actividades acuáticas (un antiguo estanque de aguas residuales se ha transformado en un lago). Ambas redes han creado un valle ecológico que ejerce de espina vertebral urbana, dado que conecta el centro de la ciudad, los dos subcentros y los cuatro distritos. Además, al recorrido para ciclistas y peatones se ha sumado un sistema de tranvía cercano.

Cabe destacar el concepto de eco-celda incluido en el plan maestro desarrollado por la Academia China de Planificación y Diseño Urbanos, el Instituto de Planificación y Diseño Urbano de Tianjin y el equipo de planificación de Singapur. Las células ecológicas son la

107

La biblioteca, apodada el Ojo, en Tianjin (China) forma parte del Centro Cultural Binhai y ya se ha convertido en uno de los cinco principales atractivos de la ciudad. Cuenta con 30 m de altura y una superficie construida de 33.700 m². Además de centro educativo, ejerce la función de espacio social y conexión entre el parque y el distrito cultural. El Ojo es un auditorio con forma de esfera luminosa.

El gobierno Chino puso dos condiciones al proyecto de Tianjin Binhai: que se construyera en un terreno no apto para la agricultura y con agua contaminada. El resultado es primera ciudad ecológica del mundo cuyos habitantes vivirán en un entorno verde, limpio y agradable, donde la energía es renovable.

unidad básica territorial. Cada una mide 400 x 400 m, una distancia aceptada comúnmente como un trayecto cómodo para cubrirlo a pie. Cuatro eco-células forman un eco-barrio, y cuatro eco-barrios un eco-distrito. La ciudad ecológica está compuesta por cuatro eco-distritos.

El urbanismo de Tianjin se basa en eco-celdas, células ecológicas que miden 400 x 400 m. Cuatro eco-células forman un eco-barrio y cuatro eco-barrios, un eco-distrito.

Uno de estos eco-distritos previsto en el plan maestro es el llamado Distrito Central de Negocios (CBD), que comprende cinco edificios culturales de entre 15.000 m² y 25.000 m², incluidos una biblioteca, un museo de planificación, un museo de exposiciones de tecnología y un centro deportivo y cultural. Tanto el CBD como los edificios culturales están concebidos para minimizar el uso de energía e incorporan ideas de diseño de edificios pasivos, por lo que utilizan paneles solares y calefacción y enfriamiento geotérmicos. Estas estrategias permiten que el impacto del CO_2 en el medio ambiente sea casi nulo.

111

Además de este gran desarrollo urbanístico que respeta al máximo el medio ambiente, Tianjin Binhai constituye todo un ejemplo de colaboración público-privada y será una de las ciudades más monitorizadas del mundo, pues se ha propuesto cumplir escrupulosamente un conjunto integral de indicadores clave de rendimiento (KPI) que abarcan variables ecológicas, económicas y sociales.

VENTAJAS E INCONVENIENTES

Las dos caras de la misma moneda

Concebir, planificar, implementar, evaluar y adaptar un proyecto de smart city no es tarea fácil. Las ventajas son claras: mejora de la gestión de la ciudad y de la calidad de vida de las personas y facilidades de desarrollo para las empresas. No obstante, siempre hay riesgos. La dependencia de la Administración y la privacidad de las personas, por ejemplo, podrían estar en juego.

PROS Y CONTRAS

A lo largo de estas páginas hemos analizado el origen, desarrollo, implementación, tecnología y barreras de las ciudades inteligentes y hemos dado ejemplos que son ya una realidad o que lo serán en un futuro. Una de las principales conclusiones es que el propósito de las *smart cities* es mejorar la calidad de vida de sus ciudadanos, resultando también útil para las empresas. Esta dimensión práctica se ha de desarrollar bajo parámetros de sostenibilidad medioambiental, social y económica en los que la tecnología sea el medio, no el fin.

El camino trazado por las ciudades que han apostado por esta vía no tiene vuelta atrás, sobre todo si tenemos en cuenta que las ciudades ocupan el 2% de la superficie del planeta pero consumen el 75% del total de la energía. Aunque es indudable que el siglo xxi es el siglo de las ciudades, también debe serlo de la transformación digital. No obstante, ¿tenemos claras las principales ventajas e inconvenientes de las ciudades inteligentes? Veamos los más importantes. Entre las ventajas sobresalen:

- Mejora de la calidad de vida de los ciudadanos.
- Mayor eficiencia en la prestación de servicios públicos.
- Reducción del gasto público.
- Mejora en la toma de decisiones de la ciudad.
- Mayor eficiencia de la administración pública al integrar procesos y generar procedimientos comunes.
- Más y mejor información para los ciudadanos en tiempo real.
- Facilidad y potenciación de la participación de la sociedad civil en numerosos aspectos de la gestión de la ciudad.
- Implementación de un desarrollo sostenible de la ciudad.
- Movilidad sostenible, eficiente y segura de personas y mercancías.
- Coste energético menor debido al impacto positivo de las energías renovables.
- Mejora en la gestión de las infraestructuras: energía, alumbrado, gas y agua.
- Mayor capacidad de planificación y anticipación de las necesidades y problemas.

- Transformación de la ciudad en una incubadora de innovación y en un laboratorio de nuevas oportunidades tecnológicas y modelos de negocio.
- *Open data:* mejora en la transparencia de la gestión municipal y aumento de la confianza en los gestores municipales.

En cuanto a los inconvenientes, hay que señalar los siguientes:
- Exposición de todo el sistema tecnológico a posibles ciberataques que podrían colapsar los servicios urbanos.
- Dependencia pública de las empresas tecnológicas privadas proveedoras de soluciones TIC.
- Riesgo de intromisión y reducción práctica de la intimidad y privacidad de las personas ante la posible monitorización de nuestra vida pública mediante la instalación masiva de sensores y cámaras de seguridad en las calles, así como de la información extraída de nuestros hábitos de uso de los dispositivos digitales (smartphones, smartwatches, tablets, etc.).
- Mayor brecha tecnológica entre las ciudades que pueden permitirse una inversión económica de gran envergadura y las que no.
- Generación de mayor cantidad de residuos tecnológicos.

Con esta aproximación a las *smart cities* hemos querido transmitir cuáles son los retos que deben afrontar las ciudades y cómo están poniendo en práctica sus estrategias.

Esperamos haber contribuido a la valoración y el análisis de esta tendencia mundial en la que se han embarcado las metrópolis de nuestro tiempo.

GLOSARIO

Big data. Conjunto de datos que, teniendo en cuenta su volumen y complejidad, requiere de aplicaciones informáticas no tradicionales de procesamiento de datos. También llamado «macrodatos» o «inteligencia de datos».

Building Management System (BMS). Sistema de supervisión, control y adquisición de datos obtenidos por dispositivos mecánicos y eléctricos instalados en edificios, instalaciones o infraestructuras. Un BMS suele integrar diferentes sistemas.

Car-sharing. Servicio que permite alquilar coches por periodos de tiempo limitados, ya sean horas o minutos.

116 **Cogeneración.** La cogeneración es el procedimiento mediante el cual se obtienen simultáneamente energía eléctrica y energía térmica útil. Si además se produce frío (hielo, agua fría o aire frío, por ejemplo), se habla de trigeneración.

Co-working. Forma de trabajo en la que profesionales independientes, emprendedores, freelance y pequeñas empresas (pymes) comparten un espacio laboral físico, aunque también puede ser virtual.

District heating. También llamada «calefacción urbana», es aquella en la que el calor se distribuye por una red urbana, como se hace con el gas o el agua.

Inteligencia artificial. Es la simulación de procesos de inteligencia humana por parte de máquinas, especialmente sistemas informáticos. Estos procesos incluyen el aprendizaje, el razonamiento y la autocorrección.

Know how. Expresión anglosajona utilizada en el comercio internacional para designar los conocimientos que se tienen sobre un tema.

Networking. Anglicismo empleado en el mundo de los negocios para referirse a una actividad socioeconómica en la que profesionales y emprendedores se reúnen para establecer relaciones empresariales, crear y desarrollar oportunidades de negocio, compartir información y buscar clientes potenciales.

Sistemas *cloud*. Sistemas que ofrecen servicios a través de internet.

***Smart grid*.** Red que incorpora, frente a las redes tradicionales, la tecnología digital necesaria para llevar a cabo una comunicación fluida y en ambas direcciones entre la instalación y el usuario.

***Startup*.** Organización humana con gran capacidad de cambio, que desarrolla productos o servicios de gran innovación.

Trigeneración. Véase cogeneración.

Tecnología 5G. Quinta generación de tecnologías de telefonía móvil. Esta tecnología permite navegar a una velocidad de 400 MB/seg.

TIC (Tecnologías de la Información y de la Comunicación). Tecnologías que agrupan los elementos y las técnicas utilizadas en el tratamiento y la transmisión de las informaciones, principalmente de informática, internet y telecomunicaciones. Por extensión, designan el sector de actividad económica.

BIBLIOGRAFÍA RECOMENDADA

- Informe *Smart Cities*: Digital Solutions For A More Livable Future. McKinsey Global Institute (MGI), 2018.

- Ciudad inteligente: una aproximación epistemológica, Ubaldo Casas, Alan Carrillo y Rosa Rodríguez. Universidad Autónoma del Estado de México, 2018.

- Las ciudades del futuro: inteligentes, digitales y sostenibles, Emilio Ontiveros, Diego Vizcaíno, Verónica López Sabater, Ed. Ariel y Fundación Telefónica, 2016.

- Masdar City, primera ciudad autosuficiente del mundo. AxA. Una revista de arte y arquitectura Mª Isabel Sardón de Taboada. Universidad Alfonso X El Sabio, 2016.

- *Smart Cities* ante el desafío de la seguridad. La ciudad inteligente, escenario clave para el despliegue de las smart OT, Centro de Ciberseguridad Industrial (CCI).

- Estudio y Guía Metodológica sobre Ciudades Inteligentes, Deloitte, España, 2015.

- Actores y modelos de gobernanza en las *Smart cities*. URBS. Revista de Estudios Urbanos y Ciencias Sociales. Volumen 6, número 2, páginas 47-62, 2014.

- *Smart Cities*: Background Paper. Department for Business Innovation & Skills London, 2013.

- De la ciudad inteligente a los negocios inteligentes. CTecno (Centre Tecnològic de Catalunya), grupo de trabajo *Smart Cities* 2013.

- Ensamblando Ciudades Inteligentes. Propuesta de investigación tecno-antropológica. Fondo de Información y Documentación para la Industria INFOTEC, número 5 2013.

- Libro Blanco Smart Cities. Enerlis, Ernst and Young, Ferrovial and Madrid Network 2012.

- *Smart Cities*: Una visión para el ciudadano, Marieta del Rivero Bermejo.

TÍTULOS DE LA COLECCIÓN

El Hyperloop

La revolución del transporte en masa

* * *

Internet de las cosas

El hogar inteligente

* * *

Ciudades flotantes

Palm Jumeirah

* * *

Computación cuántica

El desarrollo del qubit

* * *

Aviones modernos

El Boeing 787 y el Airbus 350

* * *

Biocombustibles

Ventajas y desventajas en un planeta sostenible

* * *

Trenes de levitación magnética

El maglev de Shanghái

* * *

Energías renovables

El cuidado y el aprovechamiento de los recursos

* * *

Submarinos y barcos modernos

El Prelude FLNG

* * *

Megarrascacielos

Los edificios que conquistan el cielo

* * *

www.ingramcontent.com/pod-product-compliance
Lightning Source LLC
Chambersburg PA
CBHW070838070326
40690CB00009B/1596